Ma première visite en Nouvelle-Angleterre et ailleurs

(d'amis littéraires et connaissances)

William Dean Howells

Writat

Cette édition parue en 2024

ISBN : 9789359949666

Publié par
Writat
email : info@writat.com

Contenu

BIBLIOGRAPHIQUE

Bien avant de commencer les articles qui composent ce volume, j'avais eu l'intention d'écrire sur l'histoire littéraire de la Nouvelle-Angleterre telle que je l'avais connue dans la vie de ses grands exemples au cours des vingt-cinq années où j'ai vécu près d'eux. En fait, j'avais eu l'intention de le faire dès mon arrivée parmi eux ; mais j'ai laissé passer les jours où je les voyais presque constamment sans trace, sauf celle que je portais dans une mémoire rémanente, certes, au-delà du commun, mais pas aussi pleine que j'aurais pu le souhaiter lorsque j'ai commencé à l'invoquer pour mon travail. . Pourtant, face à un appel insistant, elle répondit en abondance ; et, même si j'aurais maintenant souhaité pouvoir me souvenir de plus de cas, je pense que mes impressions étaient suffisamment précises. Je suis sûr d'avoir essayé honnêtement de les transmettre au cours des dix années ou plus où je m'efforçais de manière décousue de les partager avec le lecteur.

Les articles ont été rédigés à peu près dans l'ordre indiqué ici, en commençant par Ma première visite en Nouvelle-Angleterre, qui date du début des années 1890, si je peux me fier à mes souvenirs de lecture du manuscrit au rédacteur en chef du Harper's Magazine, où nous nous sommes couchés sous les saules de Magnolia un agréable matin d'été des premières années de cette décennie. Il fut imprimé peu de temps après dans ce périodique ; mais j'ai mis si longtemps à terminer l'étude de Lowell qu'elle avait été anticipée chez Harper par d'autres souvenirs de lui, et elle a donc été imprimée pour la première fois dans le Scribner's Magazine. C'est le document avec lequel j'ai pris le plus de peine, et une fois terminé, je le sentais encore si incomplet que je l'ai renvoyé à son plus proche et meilleur ami, feu Charles Eliot Norton, pour ses critiques. Il pensait que cela manquait d'unité ; il s'agissait d'un groupe d'études au lieu d'une seule étude, dit-il ; Je dois faire quelque chose pour rassembler les différents croquis en un seul effet de portrait ; et c'est ce que j'ai fait de mon mieux.

C'était le dernier écrit des trois articles qui donnent de la substance au volume, et il représente enfin et pleinement que les autres mon sentiment de l'importance littéraire des hommes dont nous ne reverrons plus les semblables. Longfellow était de loin le plus grand poète des trois, Holmes souvent le plus brillant et le plus heureux, mais Lowell, malgré ses incursions en politique, était le meilleur érudit et le plus profondément littéraire, car il était au-dessus des autres le plus profondément et le plus complètement nouveau. L'Angleterre en qualité.

Pendant que je faisais ces esquisses, parfois plus légères, parfois moins légères, de tous ces poètes, essayistes et romanciers que j'avais connus à

Cambridge, Boston, Concord et New York, je faisais bien d'autres choses : une demi-douzaine de romans, autant d'autres des romans et des nouvelles plus courtes, avec des essais, des critiques et des vers ; de sorte qu'en janvier 1900, je n'avais pas encore rédigé l'article sur Lowell, qui, avec un autre, devait compléter mes souvenirs de la vie littéraire américaine telle que j'en avais été témoin. Quand ils furent tous terminés , ils furent réédités dans un volume qui trouva instantanément une faveur au-delà de mes mérites, sinon du sien.

Ce nom a posé beaucoup de problèmes, mais Literary Friends and Acquaintance était un effort de précision modeste dont je suis resté satisfait jusqu'à ce que je pense, bien trop tard, à Literary Friends and Neighbours. Puis je me suis rendu compte que cela eût été encore plus précis et tout aussi modeste, et j'autorise volontiers tout lecteur qui le souhaite à appeler le livre de ce nom.

Depuis que le recueil a été constitué, je n'ai guère écrit d'autre chose de ce genre, à l'exception de l'article sur Bret Harte, qui a été imprimé pour la première fois peu après sa mort ; et l'étude de Mark Twain, que je me préparais à faire depuis quarante ans et plus, et que j'avais écrite au cours des deux semaines du printemps 1910. D'autres de mon époque et de mon lieu sont maintenant passés là où il n'y a ni temps ni lieu, et là Il y a des moments où je sens que je dois essayer de les rappeler et de leur rendre tout l'honneur que peut me donner le sentiment de leur valeur ; mais l'impulsion ne s'est pas encore produite, et je ne sais pas combien de temps encore je m'épargnerai le plaisir-douleur suprême, le « hochst angenehmer Schmerz ", de chercher à vivre ici avec ceux qui n'y vivent plus.

WDH

MA PREMIÈRE VISITE EN NOUVELLE-ANGLETERRE

S'il y avait quelqu'un au monde qui se consacrait davantage à la littérature que moi en 1860, je suis sûr que je n'aurais pas su où le trouver, et je doute qu'il aurait pu être trouvé plus près des centres d'activité littéraire. que je ne l'étais alors, ou parmi ceux qui se dévouaient plus purement à la littérature que moi. J'avais été pendant trois ans rédacteur de paragraphes d'actualité, de notices de livres et de dirigeants politiques dans un quotidien d'une ville de l'intérieur, et je ne sais pas si ma vie différait extérieurement de celle de n'importe quel autre jeune journaliste, qui avait commencé comme moi. Il travaillait dans une imprimerie de campagne et pouvait être censé espérer progresser dans sa profession ou dans les affaires publiques. Mais intérieurement, c'était tout à fait différent pour moi. Intérieurement, j'étais un poète, sans désir d'être autre chose, à moins que, dans un moment d'aisance et d'aisance, je ne m'oublie jusqu'à devenir romancier. J'étais, avec mon ami JJ Piatt, le demi-auteur d'un petit volume de vers très inconnus, et M. Lowell avait récemment accepté et avait commencé à imprimer dans l'Atlantic Monthly cinq ou six de mes poèmes. En outre, j'avais écrit des poèmes, des croquis et des critiques pour le Saturday Press de New York, expression oubliée depuis longtemps mais autrefois très vivante d'une intention littéraire dans une bohème éteinte de cette ville ; et j'écrivais toujours des poèmes, des croquis et des critiques dans notre propre journal. Ceux-ci, ainsi que mes exploits dans les périodiques renommés de l'Orient, ont rencontré dans ma propre ville une gentillesse, sinon un honneur, qui aurait dû me faire douter sérieusement si j'étais un véritable prophète. Mais cela n'a fait qu'intensifier mon ambition littéraire, déjà si forte que mes veines auraient bien pu couler de l'encre plutôt que du sang, et m'a donné une meilleure opinion de mes concitoyens, si cela pouvait être. C'étaient en effet des gens très charmants, et ceux d'entre eux que je vis le plus étaient des lecteurs et des amateurs de livres. La société de Colomb possédait à cette époque un raffinement agréable que je pense ne pas exagérer avec une rétrospective affectueuse. Elle avait une finalité qu'elle ne semble avoir nulle part depuis la guerre ; elle avait certains idéaux fixes, qui n'en étaient pas moins gracieux et convenables parce qu'ils étaient les simples vieux idéaux américains, aujourd'hui disparus, ou en voie de disparition rapide, avant la connaissance du bien et du mal telle qu'elle est en Europe et telle qu'elle s'est transmise. aux voyages et séjours américains. Il y avait un mélange de nombreuses souches dans la capitale de l'Ohio, comme dans tout l'État. La Virginie, le Kentucky, la Pennsylvanie, New York et la Nouvelle-Angleterre se sont tous réunis pour caractériser les mœurs et les coutumes. Je suppose que c'est le Sud qui a donné le ton social ; le goût intellectuel des aînés était le goût du Sud pour le classique et le standard en littérature ; mais nous, qui étions plus jeunes, préférions les auteurs modernes : nous lisions

Thackeray, et George Eliot, et Hawthorne, et Charles Reade, et De Quincey, et Tennyson, et Browning, et Emerson, et Longfellow, et moi—je lis Heine, et toujours plus. Heine, alors qu'il n'y avait pas de nouveauté de la part des autres. De temps à autre, un livre français immédiat nous pénétrait : nous lisions Michelet et About, je me souviens. Nous nous tournions en grande partie vers l'Angleterre et l'Est pour nos opinions littéraires ; nous avons accepté la Revue du Samedi comme loi si nous ne pouvions pas la recevoir comme un évangile. L'un de nous a pris le Cornhill Magazine, parce que Thackeray en était le rédacteur ; l'Atlantic Monthly comptait parmi nous de nombreux lecteurs ; et une jeune dame en visite de la Nouvelle-Angleterre, qui a crié à la vue du périodique dans l'une de nos maisons : « Pourquoi, avez-vous l'Atlantic Monthly ici ? » pourrait-on répondre, avec une froide supériorité : « Il y a plusieurs contributeurs à l'Atlantique à Columbus. » Il y en avait en fait deux : mon colocataire, qui a écrit Browning pour cela, tandis que j'ai écrit Heine et Longfellow. Mais je suppose que deux valent autant que vingt le sont à juste titre.

<h2 align="center">II.</h2>

C'était l'apogée des conférences, et de temps en temps une lumière littéraire venue d'Orient nageait dans nos cieux. J'ai entendu et vu Emerson, et j'ai rencontré un jour Bayard Taylor en société, dans la maison hospitalière où il était invité après sa conférence. Dieu sait comment j'ai passé la soirée. Je ne crois pas avoir ouvert la bouche pour lui adresser un mot ; c'était tout ce que je pouvais faire de m'asseoir et de le regarder pendant qu'il fumait tranquillement, discutait avec notre hôte et buvait la bière que nous avions très bonne au Nest. Pendant tout ce temps, je lui rendais hommage en tant que premier auteur en appelant ceux que j'avais rencontrés. J'avais envie de lui dire combien j'aimais ses poèmes, que nous avions l'habitude de noter par cœur à l'époque, et j'avais envie (comme j'avais encore plus envie !) de lui faire savoir que :

"Auch ich war in Arkadien geboren ,"

que j'avais imprimé des poèmes dans l'Atlantic Monthly et le Saturday Press, et que j'étais l'auteur potentiel de choses destinées à éclipser toute la littérature tentée jusqu'ici. Mais je ne pouvais pas le lui dire ; et personne d'autre n'avait pensé à lui dire. Peut-être que c'était aussi bien ; J'aurais pu périr de sa reconnaissance, car ma modestie était à la hauteur de mon mérite.

En fait, je pense que nous étions tous des jeunes gens plutôt modestes, nous qui formions le groupe avions l'habitude de passer une partie de chaque soirée dans cette maison, où il y avait toujours de la musique, ou du whist, ou des discussions gaies, ou les trois. Nous avions nos opinions sur les questions littéraires, mais (peut-être parce que nous les avions pour la plupart acceptées d'Angleterre ou de la Nouvelle-Angleterre, comme je l'ai dit) nous n'en étions pas fiers ; et nous ne les aurions en aucun cas exhortés devant un homme de lettres vivant comme celui-là. Je crois qu'aucun de nous n'a osé parler, à l'exception du poète, mon colocataire, qui a dit : Il croyait qu'un tel était l'original d'un tel ; et on lui a immédiatement répondu : Il n'avait pas le droit de dire une telle chose. Naturellement, nous sommes repartis plutôt critiques à l'égard de l'hôte de notre hôte, que j'ai connu plus tard comme le cœur le plus bon du monde. Mais nous n'avions pas brillé en sa présence, et cela nous exaspérait ; et nous avons choisi de penser qu'il n'avait pas brillé dans le nôtre.

III

A cette époque, il occupait une grande place dans la pensée des jeunes qui avaient des idées sur la littérature. Il avait acquis toute sa réputation de voyageur agréable et intelligent , et il portait encore l'auréole de ses premières aventures dans des pays étrangers alors qu'ils étaient encore vraiment étrangers. Il n'avait pas écrit ses romans sur la vie américaine, autrefois si bien accueillis, et maintenant si oubliés ; il lui fallut bien longtemps pour parvenir à cette traduction incomparable de Faust qui doit toujours rester la plus belle et la meilleure, et qui maintiendrait son nom vivant avec celui de Goethe, s'il n'avait rien fait d'autre digne de mémoire. Mais ce qui le recommandait le plus à l'attention de nous, jeunes aux yeux d'étoiles (qui clignaient maintenant tristement des yeux vers nos soixante-dix ans), était la poésie qu'il publiait de temps en temps dans les magazines : dans le premier Putnam's (où il y avait une photo fringante de lui). dans un burnous arabe et un turban), et chez Harper's, et dans l'Atlantique. C'était souvent de la très belle poésie, pensais-je, et je le pense toujours ; et c'était à juste titre le sien, même s'il prêtait inévitablement allégeance à la manière des grands maîtres de l'époque. Il nous a été honoré par le roman pathétique de son premier amour, que certains de ses numéros les plus doux et les plus tristes ont avoué, pour la jeune fille qu'il a épousée presque à l'heure de sa mort ; et nous qui espérions avoir le cœur brisé, ou l'avions déjà eu, aurions été heureux de trouver quelque chose de plus de poète évident chez le conférencier populaire que nous avions vu se rafraîchir après son heure sur l'estrade.

Il resta pendant près d'un an le seul auteur que j'aie vu, et je l'ai rencontré une nouvelle fois avant d'en voir un autre. Notre deuxième rencontre s'est déroulée loin de Columbus, jusqu'au lointain Québec, alors que j'étais en route vers la Nouvelle-Angleterre en passant par Niagara et les rivières et villes canadiennes. Je me suis arrêté à Toronto et je me suis réalisé à l'étranger sans aucune aventure marquante ; mais à Montréal il m'est arrivé quelque chose de très joli. Je suis entré dans le bureau de l'hôtel, le soir d'une première journée de visites solitaires, et j'ai vainement exploré le registre à la recherche du nom d'une connaissance ; Alors que je m'en détournais, deux jeunes gens élégamment habillés l'embrassèrent, et j'entendis l'un d'eux dire, à mon grand étonnement et bonheur : « Bonjour, voici Howells !

"Oh," lui ai-je lancé, "je cherchais juste quelqu'un que je connaissais. J'espère que vous êtes quelqu'un qui me connaît!"

"Seulement grâce à vos contributions au Saturday Press", dit le jeune homme, et avec ces mots d'or, la précieuse première reconnaissance personnelle de ma paternité que j'aie jamais reçue d'un étranger et la riche récompense de tout mon effort littéraire, il présenta lui-même et son ami. Je ne sais pas ce qu'est devenu cet ami, ni où ni comment il s'est éliminé ; mais nous deux autres étions inséparables à partir de ce moment. C'était un jeune avocat de New York, et quand je revenais d'Italie, quatre ou cinq ans plus tard, je voyais sa pancarte à Wall Street, avec l'intention jamais réalisée d'aller le voir. Dans quelque monde qu'il se trouve maintenant, je voudrais lui adresser mes salutations et lui avouer que mon art ne m'a jamais apporté depuis une récompense aussi douce, et rien au millième de plus comparable à la renommée, que ce cri de son sur le registre des hôtels de Montréal. Nous fûmes camarades pendant quatre ou cinq riches jours, et partagâmes nos plaisirs et nos dépenses en visitant les monuments de ces anciennes capitales canadiennes, dont je crois que nous appréciions tout leur valeur pittoresque. Nous faisions des blagues pour masquer nos émotions ; nous avons ri et fait rire, de la bonne manière ; nous sommes tombés amoureux et amoureux de tous les jolis visages et robes que nous avons vus ; et nous parlions sans cesse de littérature et de gens de lettres. Il connaissait mieux l'un et plus de passion pour l'autre, mais il pouvait me parler de la cave à bière blonde de Pfaff à Broadway, où se rencontraient les camarades de Saturday Press et les autres bohémiens ; et cela, pour l'époque, suffisait : je résolus de le visiter dès mon arrivée à New York, malgré le tabac et la bière (dont on me fit comprendre qu'ils étaient de rigueur), bien que tous deux, à mon avis, je les avais connus, étaient susceptibles de me rendre malade.

J'étais bien désolé après m'être séparé de ce bon garçon, qui revenait à Montréal en route vers New York, tandis que je restais à Québec pour continuer plus tard le mien vers la Nouvelle-Angleterre. Quand je revins de l'accompagner en calèche pour le bateau, je découvris Bayard Taylor dans la salle de lecture, où il était plongé dans ce qui semblait une muse un peu lasse. Il ne me connaissait pas, ni même ne me remarquait, même si j'ai fait plusieurs courses dans et hors de la salle de lecture dans le vain espoir qu'il le ferait : doublement vain, car je sais maintenant que j'étais toujours rempli d'orgueil. de cette jolie expérience à Montréal, et j'ai eu confiance dans la répétition de quelque chose de semblable. Finalement, comme aucune chance ne s'est présentée pour m'aider, j'ai trouvé le courage de m'approcher de lui, de me nommer et de lui dire que j'avais eu une fois le plaisir de le rencontrer chez le docteur ——— à Columbus. Le poète ne donna aucun signe de conscience à la sonorité d'un nom dont j'avais commencé à penser avec tendresse qu'il n'était peut-être pas si inconnu. Il leva les yeux avec un regard hostile et demanda : Ah , comment allait le Docteur ? et lorsque j'eus rendu compte favorablement du docteur, notre conversation prit fin.

Il était probablement aussi fatigué qu'il en avait l'air, et il a dû me classer parmi cette multitude dans tout le pays qui avait partagé le plaisir que j'avais déclaré auparavant en le rencontrant ; c'était sûrement ma faute si je n'avais pas prononcé mon nom assez fort pour être reconnu, si je l'ai prononcé du tout ; mais le courage que j'avais rassemblé n'y suffisait pas tout à fait. Au cours des années suivantes , il m'a assuré, d'abord par lettre, puis par parole, de son chagrin pour un incident dont je ne peux me souvenir maintenant que comme le début fâcheux d'une amitié cordiale. C'était souvent mon privilège, à cette époque, en tant que critique et éditeur, de témoigner de mon sens des belles choses qu'il faisait dans tant de genres littéraires, mais je n'ai jamais aimé aucun d'entre eux plus que lui. Il avait une fervente dévotion à son art, et il allait toujours y faire les plus grandes choses, avec une attente d'effet qui ne lui faisait jamais défaut. Les choses qu'il a réellement faites n'étaient pas méchantes ni de mauvaise qualité, et certaines d'entre elles sont d'un charme durable que peut ressentir quiconque se tourne vers ses poèmes ; mais il ne fait aucun doute que beaucoup d'entre eux n'ont pas répondu aux attentes du lecteur. C'était bien de le rencontrer alors qu'il était plein de nouveaux projets ; il en parlait avec une joie sincère et essayait de vous le faire voir avec les mêmes couleurs et les mêmes proportions qu'il avait à ses yeux. Il n'a épargné aucun effort pour en faire la chose parfaite dont il rêvait, et il n'a été découragé par aucune déception qu'il a subie auprès de la critique ou du public.

C'était un travailleur infatigable, et sa santé finit par se détériorer sous ses travaux au bureau du journal, sous le gaz de minuit, alors qu'il aurait dû se reposer longtemps de tels travaux. Je crois qu'il a été obligé de les faire par une de ces hasards d'affaires qui déforment et aigrissent toute notre vie ; mais il n'était en aucun cas homme à se ménager. Il essayait toujours de nouvelles choses et il n'a jamais cessé de s'efforcer de compenser le manque d'opportunités et de formation antérieures grâce à sa bourse. Je me souviens que je l'ai rencontré une fois dans une rue de Cambridge avec un livre à la main qu'il m'a laissé prendre dans le mien. C'était un auteur grec, et il disait qu'il commençait tout juste à lire cette langue à cinquante ans : un âge patriarcal pour moi, celui du début de la trentaine !

Je suppose que j'ai laissé entendre la surprise que j'ai ressentie à l'idée qu'il l'ait repris si tard dans la journée, car il a dit avec un sérieux charmant : "Oh, mais vous savez, je compte l'utiliser dans l'autre monde." Oui, ça en valait la peine , j'ai consenti ; mais était-il sûr de l'autre monde ? « Aussi sûr que j'en suis, » dit-il ; et j'ai toujours gardé l'impression de la foi jeune qui parlait dans sa voix et était plus que ses paroles.

Je l'ai vu pour la dernière fois à l'heure des formidables adieux qui lui ont été adressés à New York avant son départ pour être ministre en Allemagne. Ce fut l'une des choses les plus gracieuses faites par le président Hayes, qui, plus que tous nos présidents après Lincoln, s'est honoré d'honorer la littérature par ses nominations, de donner cette place à Bayard Taylor. Il n'y avait personne de plus apte à cela, et il était particulièrement approprié qu'il soit si distingué aux yeux d'un peuple qui connaissait et appréciait son érudition et le service qu'il avait rendu aux lettres allemandes. Il y était apparemment aussi heureux qu'un homme pouvait l'être dans n'importe quoi ici-bas, et il savourait jusqu'à la dernière goutte les nombreuses coupes de bonté pressées sur ses lèvres en se séparant ; bien que je crois que ces adieux, à une époque où il était déjà fatigué de travail et d'excitation, lui furent particulièrement préjudiciables et contribuèrent à hâter sa fin. Certains d'entre nous qui étaient proches de l'amitié sont descendus pour l'accompagner pendant son départ, comme c'est l'habitude lugubre et futile des amis ; et je me souviens du bon et grand garçon debout dans la cabane, au milieu de ces fleurs tristes qui encombraient les tables, se disant au revoir les unes après les autres et souriant affectueusement, souriant avec lassitude, à tous. Il y eut du champagne, bien sûr, et une hilarité odieuse, sans signification et sans rémission, jusqu'à ce que la sonnette d'avertissement nous chasse à terre, et que notre brave poète s'échappe avec ce qui lui reste de sa vie.

IV

Je l'ai suivi loin dès le moment de notre première rencontre ; mais même en allant vénérer ces sommités de la Nouvelle-Angleterre, qui attiraient principalement mes yeux, je ne pouvais pas payer un moindre devoir à un auteur qui, si Curtis ne l'était pas, était à cette époque le chef du groupe d'auteurs de New York. J'ai fait une distinction entre les Néo-Anglais et les New-Yorkais, et je suppose qu'il ne fait aucun doute que notre centre littéraire était alors à Boston, où qu'il se trouve ou ne se trouve pas actuellement. Mais je pensais que Taylor à l'époque, et je le pense aujourd'hui, l'un des premiers dans toute notre province américaine de république des lettres, à une époque où elle était dans un état visiblement florissant, que nous considérions la quantité ou la qualité dans les noms qui donnaient ça lustre . Lowell maîtrisait alors parfaitement ces forces variées qui le garderont longtemps, sinon durablement, dans la mémoire comme le premier de nos hommes de lettres et comme le maître dans plus de genres que n'importe quel autre Américain. Longfellow était dans la plénitude de sa renommée mondiale et dans la maturité du beau génie qui ne devait pas connaître la décadence tant que la vie durait. Emerson avait émergé de l'obscurité populaire qui l'avait si longtemps retenu comme un mystique désespéré, et brillait une étoile brillante de poésie et de prophétie au zénith. Hawthorne, l'artiste exquis, le rêveur sans égal, à qui nous comparons encore toujours celui-ci et celui-là, chaque fois que celui-ci ou celui-là promet de nous plaire beaucoup, et que nous repartons sans rival, sans compagnon, était récemment revenu de son long séjour à l'étranger, et nous avait donné le dernier des romans incomparables que le monde devait perfectionner de sa main. Le docteur Holmes avait dépassé toutes les attentes de ceux qui admiraient le plus son humour brillant et sa charmante poésie en inventant une attitude nouvelle, sinon un genre nouveau, en littérature. La tournure qu'avaient prise les affaires civiques était favorable à la plus large reconnaissance du splendide don lyrique de Whittier ; et ce cœur de feu, doublement enneigé par la tradition quaker et l'environnement puritain ; pénétrait chaque poitrine généreuse de ses impulsions enflammées et fusionnait toutes les volontés dans son noble dessein. Mme Stowe, qui surpassait de loin les autres en tant qu'auteur du roman le plus célèbre jamais écrit, prouvait que ce n'était ni un hasard ni un miracle par la fiction qu'elle écrivait encore.

Ce grand groupe de la Nouvelle-Angleterre pourrait être élargi peut-être sans perte de qualité par l'inclusion de Thoreau, arrivé un peu avant son temps, et dont la critique drastique de notre civilisation expéditive et essentiellement futile trouverait une acceptation plus intelligente aujourd'hui qu'elle ne l'a été alors, lorsque tous le ressentiment à l'égard de ses défauts était spécialisé dans l'inimitié envers l'esclavage du Sud. Le docteur Edward Everett Hale appartenait également à ce groupe, en vertu de cet humour, le plus inventif et le plus fantastique, le plus sain, le plus doux, le plus vrai, qui avait commencé à trouver son expression dans l'Atlantic Monthly ; et là, une merveilleuse jeune fille avait écrit une série de croquis saisissants et avait conquis le cœur des jeunes partout avec étonnement et joie, de sorte que j'ai pensé que ce ne serait pas moins un événement de rencontrer Harriet Prescott que de rencontrer l'une de celles que j'ai nommées.

Je m'attendais d'une manière ou d'une autre à les rencontrer tous, et je les imaginais tous facilement accessibles dans les bureaux de l'Atlantic Monthly, qui s'était récemment aventuré dans le bon air de la haute littérature là où tant d'autres périodiques avaient haleté et étaient morts avant lui. Le meilleur d'entre eux, jusqu'ici, et meilleur même que l'Atlantique pour certaines raisons, le déploré Putnam's Magazine, avait péri d'inanition à New York, et la prétention du capital commercial à la primauté littéraire avait disparu avec cette brillante entreprise. New York n'avait rien de distinctif à montrer pour la littérature américaine si ce n'est le magazine Knickerbocker, décrépit et passionné. Le Harper's New Monthly, bien que Curtis y soit déjà venu après l'épave du Putnam's, et qu'il ait depuis longtemps cessé d'être éclectique dans son matériel et ait commencé à représenter le travail autochtone dans les arts alliés qu'il a depuis si magnifiquement fait progresser, n'était pas typiquement littéraire, et l'Hebdomadaire commençait tout juste à se faire connaître. Le Century, le Scribner, le Cosmopolitan, le McClure et je ne sais quels autres, étaient encore inimaginables depuis cinq, dix et vingt ans, et la Galaxie devait clignoter et s'effacer avant qu'aucun d'entre eux n'allume ses feux les plus efficaces. La Nation, destinée à châtier plutôt qu'à nourrir notre jeune littérature, avait encore devant elle six années de potentiel sans rêve ; et la Nation a toujours été plus bostonienne que new- yorkaise par nature, quelle qu'elle soit de naissance.

Philadelphie n'a longtemps compté pour rien dans le domaine littéraire. Le Graham's Magazine montra autrefois une certaine force critique, mais il semblait périr de cette expression de vitalité ; et il restait le Godey's Lady's Book et le Peterson's Magazine, publications vraiment incroyables par leur fadeur. Dans le Sud, il n'y avait qu'un idéal social erroné, avec des principes moraux renversés pour défendre l'esclavage ; et en Occident, il existait une idée faible et insensée selon laquelle le talent occidental était réprimé par la jalousie orientale. C'est surtout à Boston, sinon à Boston seulement, qu'il y avait une vie intellectuelle vigoureuse parmi les auteurs que j'ai cités. Chaque jeune écrivain avait l'ambition de joindre son nom au leur dans l'Atlantic Monthly et dans les listes de Ticknor & Fields, qui étaient des éditeurs littéraires dans un sens tel que le monde des affaires n'en a connu nulle part ailleurs auparavant ou depuis. Leur empreinte était un gage de qualité pour le lecteur et d'immortalité pour l'auteur, de sorte que si j'avais pu faire publier un livre par eux à ce jour, je jouirais maintenant pleinement d'une renommée éternelle.

V.

Telle était la situation littéraire lorsque le pèlerin passionné de l'Ouest s'approchait de sa terre sainte à Boston, par le chemin de fer du Grand Tronc, de Québec à Portland. Je n'ai aucun souvenir d'une voiture-lits, et je suppose que je me suis réveillé et que j'ai regardé pendant tout ce long et difficile voyage ; mais j'aurais à peine dormi s'il y avait eu une voiture à cet effet. J'étais trop impatient de voir à quoi ressemblait la Nouvelle-Angleterre, et trop soucieux de ne pas en perdre le moindre aperçu, pour fermer les yeux après avoir traversé la frontière à Island Pond. J'ai découvert que les niveaux du Maine parsemés d'ormes ressemblaient beaucoup à la réserve occidentale du nord de l'Ohio, qui est en fait une partie de la Nouvelle-Angleterre transférée avec tous ses traits caractéristiques et aplatie le long des rives du lac. Ce n'est que lorsque j'ai commencé à courir vers le sud, dans les régions les plus anciennes du pays, qu'il a perdu cet aspect et qu'il m'est devenu étrangement étrange. Cela n'a jamais eu l'effet d'antiquité ancienne que j'attendais d'un pays établi depuis plus de deux siècles ; avec ses fermes et ses villages construits en bois, il semblait plus récent que les briques fumées au charbon du sud de l'Ohio. J'avais préfiguré le paysage de la Nouvelle-Angleterre, dénué de forêts, relevé çà et là par les pointes des vergers ou des plantations ; mais j'ai trouvé apparemment autant de bois que chez moi.

C'est à Portland que j'ai vu pour la première fois l'océan, et ce fut une sorte de déception. J'avais déjà eu des marées et de l'eau salée à Québec, de sorte que je n'étais plus en alerte; mais je devais encore essayer la couleur et l'immensité de la mer par ma vision. Lorsque je me trouvais sur la promenade de Portland avec le gentil jeune pasteur unitarien à qui j'avais apporté une lettre et qui m'y conduisit pour une première vue des plus impressionnantes sur l'océan, je ne pouvais pas en faire plus que le lac Érié. ; et je n'ai jamais trouvé la couleur de la mer comparable au bleu tendre du lac. Je n'ai pas fait part de ma déception à mon ami ; J'avais trop d'estime pour les sentiments d'un homme oriental pour lui décrier son océan en face, et je sentais d'ailleurs qu'il serait vulgaire et provincial de faire des comparaisons. Je suis heureux maintenant d'avoir tenu ma langue, car cette bonne âme n'est plus de ce monde, et je n'aimerais pas penser qu'il savait à quel point la mer dont il était si fier était tombée loin de mes attentes. Je montai avec lui dans une tour ou un belvédère qu'il y avait à portée de main ; et quand il montra l'horizon oriental et dit : Maintenant il n'y avait plus que la mer entre nous et l'Afrique, je fis semblant de m'élargir avec cette pensée et commençai à me sonder pour connaître les émotions que j'aurais dû ressentir à un tel spectacle. Mais dans mon cœur j'étais vide, et Dieu sait si j'ai vu le paquebot que l'ancien marinier qui dirigeait cette tour m'invitait à regarder avec sa longue-vue. Je n'ai jamais pu voir autre chose qu'un éclat vitreux à travers un télescope, qui a la vicieuse habitude d'esquiver dans l'espace et de ne pas réussir à faire tomber quoi que ce soit de magnitude inférieure à la planète.

Mais il y avait quelque chose à Portland bien plus pour moi que les mers ou les continents, et c'était la maison où Longfellow est né. Je crois que maintenant, je n'ai pas eu la bonne maison, mais seulement la maison dans laquelle il est allé vivre plus tard ; mais cela servait, et je m'en réjouissais avec un ravissement qui n'aurait pas pu être plus authentique s'il avait été le véritable lieu de naissance du poète. J'ai demandé à mon ami de me montrer

"——le dôme venteux des bosquets,
les ombres des bois de Deering,"

parce qu'ils étaient dans l'un des poèmes les plus beaux et les plus tendres de Longfellow ; et j'ai fait une course sur les quais, pour le bien du

"--les quais noirs et les cales,
Et les marées qui se déchaînent, Et les marins espagnols aux lèvres barbus,
Et la beauté et le mystère des navires, Et la magie de la mer,"

principalement parce qu'il s'agissait de couleurs et de formes issues de la vision affectueuse du passé du poète. Je ne sais pas si c'est à cette époque ou plus tard que je suis allé vénérer

> "... les capitaines morts alors qu'ils gisaient dans
> leurs tombes surplombant la baie tranquille, où ils
> sont morts au combat,"

mais je suis sûr que c'est maintenant que j'ai erré sous

> "... les arbres qui ombragent chaque rue bien
> connue, tandis qu'ils se balancent de haut en bas,"

car lors de mon prochain séjour à Portland, le grand incendie avait balayé les avenues de la ville de la plupart de ces beaux ormes, dont je me souviens bien des arcs et des tracés gothiques.

Le fait est qu'à cette époque, je débordais des attentes les plus romantiques de la vie à tous égards, et je considérais le monde entier comme un matériau qui pouvait être transformé en littérature, ou qui pouvait y être associé d'une manière ou d'une autre. Je ne sais pas comment j'ai réussi à garder en moi ces espoirs absurdes, mais peut-être que l'astuce de les satiriser, que j'avais apprise très tôt, m'a aidé à y parvenir. J'étais à ce moment-là résolu avant tout à voir les choses comme Heinrich Heine les voyait, ou du moins à les rapporter telles qu'il les faisait, quelle que soit la façon dont je les voyais ; et je me mis à composer des phrases dans ce but, et à essayer d'y faire correspondre les objets qui m'intéressaient chaque fois qu'il y avait la moindre chance de les réunir.

VI.

Je ne sais pas comment je suis arrivé à Boston, ni si c'était avant ou après avoir passé un jour ou deux à Salem. Comme Salem est en route depuis Portland, je suppose que je me suis arrêté là en premier et que j'ai exploré la vieille ville pittoresque (plus pittoresque à l'époque qu'aujourd'hui, mais toujours assez pittoresque) pour les monuments commémoratifs de Hawthorne et des sorcières qui se sont unies pour former Salem. Je m'en souciais. Je suis allé voir la Maison aux Sept Pignons et j'ai subi une déception déraisonnable de constater qu'elle n'en contenait pas beaucoup plus ; mais il n'y a eu aucune perte dans l'arrêt de mort de Bridget Bishop, avec le retour d'exécution du shérif, que j'ai trouvé au palais de justice ; Au contraire, le pathétique de ce témoin d'une des illusions les plus cruelles du monde dépassait plutôt mes besoins ; J'aurais pu m'en sortir avec moins. J'ai vu les épingles que les sorcières avaient juré d'avoir enfoncées dans les enfants affligés, et j'ai vu Gallows Hill, où les malheureuses victimes du parjure étaient pendues. Mais cet arrêt de mort est resté la couleur la plus vive de mon expérience de la tragédie ; Je n'ai pas eu besoin de m'y inviter, et c'est encore comme une tache rouge dans ma mémoire.

Le bon vieux capitaine de navire dont j'étais l'hôte et qui, à mon avis, était transfiguré en poésie par le fait qu'il voyageait autrefois vers la côte africaine pour chercher de l'huile de palme, m'a fait visiter la ville et m'a montré les Douane, que je désirais voir parce qu'elle figurait dans la préface de la Lettre écarlate. Mais je m'aperçus qu'il ne partageait pas mon enthousiasme pour l'auteur, et je devins de plus en plus sensible qu'il y avait dans l'air de Salem une froideur sous-jacente d'émotions à son égard. Sans aucun doute, l'endroit n'était pas tout à fait reconnaissant de la célébrité que lui avait conférée son roman, et aurait apprécié davantage le calme ininterrompu de ses propres pensées flatteuses ; mais quand il s'agissait d'entendre une jeune femme dire qu'elle connaissait une fille qui lui disait qu'elle aimerait empoisonner Hawthorne, il sembla au jeune pèlerin pieux venu de l'Ouest que quelque chose de plus d'amour pour le grand romancier n'aurait pas été de trop pour lui. . Cependant, Hawthorne avait déjà eu son mot à dire et il n'avait pas utilisé sa ville natale avec beaucoup de tendresse. En fait, les avantages qu'il y a à avoir un grand génie né et élevé en son sein sont si douteux qu'il serait bon que les localités projetant de devenir le lieu de naissance d'auteurs distingués y réfléchissent à deux fois. Peut-être que seules les plus grandes capitales, comme Londres et Paris, New York et Chicago, devraient prendre le risque. Mais les auteurs ont une perversité inexplicable, et naissent rarement dans les grandes villes, seules dépourvues du sens du voisinage et des susceptibilités personnelles si défavorables à la pratique de l'art littéraire. J'ose dire que c'est à cause de l'indifférence locale à l'égard de son plus grand nom, ou de sa réticence à l'égard de son plus grand nom, que j'ai eu une impression plus claire de Salem à d'autres égards que je n'aurais eu si j'avais été invité là-bas pour me consacrer uniquement à les associations de Hawthorne. Pour la première fois, j'ai vu une vieille ville de la Nouvelle-Angleterre, je ne sais pas, mais la plus caractéristique, et j'ai pris en compte dans ma jeune conscience occidentale le fait d'une civilisation plus complexe que celle que j'avais encore connue. Toute ma vie s'était déroulée dans une région où les hommes n'étaient que des ancêtres naissants et où la conception de la famille était très imparfaite. La littérature, bien sûr, en était pleine, et il n'appartenait pas à un adepte de Thackeray d'ignorer théoriquement ses manifestations ; mais j'avais jusqu'alors imprudemment supposé que la famille n'était prise au sérieux nulle part en Amérique, sauf en Virginie, où elle constituait une plaisanterie pour le reste de la nation. Mais maintenant, je me trouvais confronté à lui dans ses anciennes maisons, et j'entendais ses noms prononcés avec une certaine considération qui, j'ose dire, était tout autant leur dû à Salem qu'à n'importe quel autre endroit. Les noms m'étaient tous étranges et tous indifférents pour moi, mais ces belles demeures carrées en bois, d'architecture de bon goût et de couleur chamois pâle, se retirant avec une réserve tranquille de la rue tranquille, me donnaient une impression de famille comme d'actualité. et une force que je n'avais jamais eue auparavant, mais dont aucun Occidental ne peut encore comprendre l'Orient sans en tenir compte. Je ne pense pas avoir alors conçu la famille comme un fait d'importance vitale ; Je pense que je la considérais plutôt comme une couleur à utiliser dans toute étude esthétique des conditions locales. Je ne suis pas sûr de l'avoir apprécié plus, même à des fins littéraires, que le clocher que le capitaine indiquait comme la première et la dernière chose qu'il voyait lors de ses allées et venues au cours de ses longs voyages, ou que les grands tonneaux d'huile de palme, qui il m'a montré, et que j'ai relié à l'arbre qui se dressait

"Au Brennender Felsenwand ."

Que ce soit le genre de palmier qui donne de l'huile, ou s'il s'agissait d'un genre qui ne convenait qu'au rêve d'un sapin solitaire dans le Nord sur une hauteur froide, j'en doute encore aujourd'hui.

J'ai entendu, non sans inquiétude, que l'industrie voisine de Lynn pénétrait dans Salem, et que l'ancien repaire des sorcières et le lieu de naissance de notre sorcier le plus subtil et le plus sombre devenait une grande ville de chaussures ; mais mon souci était moins de ses souvenirs et de ses sensibilités que du devoir odieux que j'avais envers cette industrie, ainsi que toutes les autres de la Nouvelle-Angleterre. Avant de quitter la maison, j'avais promis à mon premier éditeur que j'entreprendreais d'éditer, de compiler ou de faire quelque chose de littéraire sur un ouvrage sur le fonctionnement des inventions mécaniques les plus distinctives de notre pays, qu'il avait conçu l'idée de publier par abonnement. Il m'avait fourni, à moi le plus immécanique de l'humanité, une lettre adressée généralement aux grands moulins et usines de l'Est, suppliant leurs directeurs de me dévoiler leurs mystères pour les besoins de ce volume. Sa lettre eut pour effet d'enfermer certains d'entre eux comme des palourdes, et d'autres de les mettre en garde contre mes recherches, de peur que je ne m'empare du secret de leurs inventions spéciales et ne le publie au monde. Je ne pouvais pas dire aux managers que j'en étais moralement et mentalement incapable ; qu'ils auraient pu expliquer et démontrer les propriétés et les fonctions de leur machinerie la plus obscure, et après examen, ils m'ont trouvé innocent d'avoir autre chose que quelques vers de Heine, de Tennyson ou de Longfellow en tête. J'ai donc dû souffrir en plusieurs endroits de leurs injustes inquiétudes et de ma propre lassitude face à leurs ingénieux moteurs, ou bien endurer les affres d'une mauvaise conscience pour les avoir ignorés. Tant que j'étais au Canada, j'étais heureux, car je n'ai vu aucune industrie au Canada, sauf celle des paysannes, dans leurs chapeaux et leurs jupes Évangéline, jetant le foin dans les champs au bord des chemins ; mais lorsque j'arrivai à Portland, mes ennuis commencèrent. Je suis allé avec ce jeune ministre dont j'ai parlé dans une grande fonderie, où ils fondaient une sorte de quincaillerie, et j'ai inspecté le processus à distance, au-delà de toute projection fortuite du métal en fusion, et je suis reparti tristement incertain de mettre le plutôt beau spectacle à toute utilisation pratique. Une manufacture où l'on faisait quelque chose avec du fioul (que j'entendais pour la première fois appeler kérosène) s'est refusée à moi, et je me suis dit que probablement toutes les autres industries de Portland étaient aussi réservées, et que je ne chercherais pas à le faire. explorez-les ; mais quand je suis arrivé à Salem, ma conscience s'est de nouveau réveillée. Si je savais qu'il y avait des magasins de chaussures à Salem, ne devrais-je pas aller inspecter leurs procédés ? C'était une question qui ne pouvait pas répondre d'elle-même à ma satisfaction, et je n'ai pas eu de paix jusqu'à ce que j'apprenne que je pouvais voir beaucoup mieux la fabrication de chaussures à Lynn, et que Lynn était si loin de Boston que je pourrais facilement y courir, si Je ne souhaitais pas examiner tout de suite la machinerie des chaussures. Je me suis promis de venir de Boston en courant, mais pour ce faire, je dois d'abord aller à Boston.

VII.

Je suppose toujours que j'ai vu Salem avant de voir Boston, mais quoi qu'il en soit, je suis sûr que j'ai décidé qu'il valait mieux voir la fabrication de chaussures à Lynn, où je l'ai réellement vue, trente ans plus tard. Pour les besoins de la présente visite, je me suis contenté de regarder une machine à Haverhill, qui mâchait une semelle de chaussure pleine de chevilles et la faisait tomber de ses mâchoires de fer avec une indifférence aussi grande que la mienne, et probablement aussi peu de sens. de la façon dont il avait accompli son travail. Je suis peut-être injuste envers cette machine ; Dieu sait que je ne me tromperais pas ; et je dois avouer que ma tête n'avait pas de place pour la conception d'une machinerie autre que mythologique, que je méprisais aussi, dans mon dégoût des poètes du XVIIIe siècle pour ceux de mon époque.

Je ne peux pas vraiment comprendre, après tant d'années, comment et quand je suis arrivé à Haverhill, ni si c'était avant ou après mon séjour à Salem. Il y a une qualité d'apparition dans mes présences, à tel ou tel moment, dans un passé obscur ; mais j'espère que, pour le mérite de leur ordre, les fantômes ne sont pas communément attirés par des choses aussi insignifiantes que moi. Par exemple, à Haverhill, j'ai été très intéressé par la vue d'un jeune homme, descendant gaiement les marches de l'hôtel où je logeais, vêtu d'un pantalon à revers tellement plus haut que le mien que j'avais l'impression de ne porter que des pantalons de printemps. -les fonds en comparaison ; et à une époque où tous ceux qui se respectaient portaient une cravate aussi étroite que possible, ce jeune homme en avait une pas plus large qu'un cordon de chaussure, et rouge en plus, tandis que la mienne mesurait presque un pouce et était noire. Certes, il faisait partie d'une bande de ménestrels noirs qui devaient donner un concert ce soir-là, et il avait la lumière pour exceller dans la mode.

Je suppose, pour des raisons de commodité, que j'ai également visité Haverhill avant d'arriver à Boston : d'une manière ou d'une autre, cette machine à attacher les chaussures doit entrer, et elle pourrait tout aussi bien entrer ici. Quand je me suis retrouvé à Boston, il y avait peut-être des industries que j'aurais bien fait de célébrer, mais soit j'ai fait croire qu'il n'y en avait pas, soit j'ai honnêtement tout oublié. Dans les deux cas, je me suis entièrement abandonné aux associations littéraires et historiques du lieu. Je n'ai pas besoin de dire que je me suis attaché en premier au premier, et cela m'a plutôt surpris de constater que les associations littéraires de Boston se référaient si largement à Cambridge. Je ne savais pas grand-chose de Cambridge, si ce n'est que c'était le siège de l'université où Lowell était, et Longfellow avait été, professeur ; et d'une manière ou d'une autre, je n'avais pas réalisé qu'il s'agissait de la maison de ces poètes. C'était plutôt stupide de ma part, mais il vaut mieux admettre la vérité, et ensuite j'ai si bien connu l'endroit que je peux avouer en toute sécurité mon ignorance antérieure.

Je m'étais arrêté à Boston à la Tremont House, qui était encore une des premières hôtelleries du pays, et j'ai dû y demander comment me rendre à Cambridge ; mais j'étais sceptique quant à la direction que prenait la voiture à cheval de Cambridge lorsque je l'ai trouvée, et j'ai fait part au conducteur de mes inquiétudes quant à la raison pour laquelle il devrait partir vers l'est alors qu'on m'avait dit que Cambridge était à l'ouest de Boston. Il me rassura avec l'air laconique et sarcastique de son espèce, et nous arrivâmes réellement à Cambridge par la route qu'il avait empruntée.

Les beaux ormes qui ombrageaient une grande partie du chemin se massaient dans les « bosquets universitaires » de la place et laissaient entrevoir d'agréables aperçus des « usines savantes rouges du vieux Harvard », alors bien moins nombreuses qu'aujourd'hui. Ce devait être pendant les vacances, car je n'ai rencontré personne alors que j'errais dans la cour du collège, essayant de me décider sur la façon dont je devrais savoir où vivait Lowell ; car c'était lui que j'étais venu trouver. Il n'avait pas seulement pris les poèmes que je lui envoyais, mais il en avait imprimé deux dans un seul numéro de l'Atlantique, et m'avait même écrit un petit mot à leur sujet, que je portais ensuite mon cœur dans ma poche de poitrine jusqu'à ce que j'en ai presque envie. je l'ai usé ; et j'ai donc pensé que je pourrais me présenter à lui à juste titre. Mais j'ai toujours été impuissant à trouver mon chemin, et j'étais toujours déprimé de ne pas avoir réussi à convaincre le conducteur de chevaux qu'il avait pris la mauvaise route. J'ai laissé passer plusieurs personnes sans les interroger, et celles que j'ai interrogées m'ont encore plus déconcertée de ne pas savoir ce que je voulais savoir. Lorsque j'eus abandonné mes recherches pour le moment, un vieil homme, à la bouche ouverte et à l'œil inquisiteur, que je n'ai jamais aperçu par la suite à Cambridge, m'a adressé une offre hospitalière de me montrer l'orme de Washington. J'ai pensé que cela me donnerait le temps de m'enhardir pour la rencontre avec le rédacteur en chef de l'Atlantique si jamais je le trouvais, et j'y suis allé avec ce gentil vieil homme qui, après m'avoir montré l'arbre et l' endroit où se trouvait Washington, lorsqu'il prit le commandement des forces continentales, il dit qu'il en possédait une branche, et que si je venais chez lui avec lui, il m'en donnerait une pièce. En fin de compte, je voulais simplement le flatter en me disant où je pourrais trouver Lowell, mais j'ai dissimulé mon objectif et feint une passion pour un morceau d'orme historique, et le vieil homme m'a conduit non seulement à sa maison mais à son bois. -maison, où il m'a scié un bloc si généreux que je n'ai pas pu le mettre dans ma poche. J'ai feint la gratitude que je voyais qu'il attendait, puis j'ai pris le courage de lui poser ma question. Peut-être que ce patriarche vivait uniquement dans le passé et se souciait de l'histoire et non de la littérature. Il a avoué qu'il ne pouvait pas me dire où trouver Lowell ; mais il ne m'a pas abandonné ; il repartit avec moi dans la rue, et ne laissa passer personne sans le lui demander. Finalement, nous en rencontrâmes un qui fut capable de dire où se trouvait M. Lowell, et je le trouvai enfin dans un petit bureau à l'arrière d'une agréable maison démodée près du Delta.

Lowell n'était pas alors au faîte de sa renommée ; il venait d'y parvenir trente ans après, lorsqu'il mourut ; mais je doute qu'il ait jamais été une puissance plus grande dans son propre pays, ou qu'il ait incarné plus complètement l'aspiration littéraire qui ne voulait et ne pouvait pas se séparer de l'amour de la liberté et de l'espoir de la justice. Pour eux, il avait été prêt à subir le reproche qui avait suivi leurs amis dans les premiers jours de la lutte anti-esclavagiste : il avait survécu au reproche bien avant ; mais la peur de sa force restait chez ceux qui l'avaient ressentie, et il ne s'était probablement pas fait aimer plus généralement de la « Fable pour les critiques » que des « Biglow Papers ». Mais dans la « Vision de Sir Launfal » et la « Légende de Bretagne », il avait gagné une sympathie, sinon une écoute bien plus large que son humour et son esprit ; et dans ses conférences sur les poètes anglais, données peu d'années avant son arrivée à la charge de l'Atlantique, il s'était révélé sans conteste le critique le plus sage et le plus fin dans notre langue. Il était déjà, plus que n'importe quel poète américain,

"Doté de la haine de la haine, du mépris du mépris,
de l'amour de l'amour",

et il occupait une place au sens public qu'aucun autre auteur parmi nous n'a occupée. Je n'avais moi-même jamais été un grand lecteur de sa poésie lorsque je l'ai rencontré, même si, quand j'étais un garçon de dix ans, j'avais entendu mon père répéter des passages des Biglow Papers contre la guerre et l'esclavage et la guerre pour l'esclavage au Mexique, et Plus tard, j'avais lu ces critiques de la poésie anglaise, et je savais que Sir Launfal devait être Lowell en quelque sorte ; mais mon amour pour lui en tant que poète était principalement centré sur mon amour pour sa tendre comptine « Auf Wiedersehen », que je ne peux pas encore lire sans quelque chose du jeune pathétique qu'elle a d'abord suscité en moi. Je connaissais et sentais sa grandeur en quelque sorte, en dehors des preuves littéraires ; il dirigeait mon imagination et soutenait mon allégeance en tant que personnage, en tant qu'homme ; et je ne suis ni désolé ni honteux d'avoir été confus lorsque je suis arrivé en sa présence pour la première fois ; et que, malgré ses paroles de bienvenue, je restais assis intérieurement en tremblant devant lui. Il avait alors quarante et un ans, et dix-neuf ans mon aîné, et s'il n'y avait rien d'autre qui m'effrayait, j'aurais bien pu être réprimé par la disparité de nos âges. Mais j'ai toujours eu envie et même envie de rendre hommage aux hommes qui ont fait quelque chose, et notamment aux hommes qui ont fait quelque chose dans le genre dans lequel je souhaitais faire quelque chose, moi-même. Je n'ai jamais pu reconnaître une autre sorte de supériorité ; mais cela je suis fier de le reconnaître ; et j'avais devant Lowell le sentiment qu'un obscur subalterne pouvait éprouver devant son général. Il était par nature un peu disciplinaire, et l'effet venait de lui aussi bien que de moi ; J'ose dire qu'il m'a laissé ressentir la différence, aussi impuissant que je la ressentais. Lors de la première rencontre avec les gens, il était toujours enclin à avoir une certaine timidité glaciale, un rhume souriant, comme ceux des longs hivers ensoleillés de sa race puritaine ; il n'était tout à fait lui-même que lorsqu'il vous avait fait connaître sa qualité : alors personne ne pouvait être plus doux, plus tendre, plus chaleureux que lui ; puis il t'a libéré de tout son cœur ; mais vous devez être son captif avant qu'il puisse faire cela. Toute sa personnalité avait désormais pour moi un charme instantané ; Je ne pouvais détourner mes yeux de ses beaux yeux, qui avaient une certaine sérénité étoilée, et qui regardaient si purement sous son front blanc, ombragé de cheveux auburn que l'âge n'avait pas touchés ; ou du sourire qui façonnait la barbe auburn et donnait au visage, dans sa forme et sa couleur, l'air christique que le portrait de Page a flatté en lui.

Sa voix me fascinait autant que son visage. La tendresse vibrante et la netteté des tons, la modulation parfaite, l'énonciation claire, l'accent exquis, la diction élue, je n'en savais pas assez alors pour savoir que c'étaient les dons, c'étaient les grâces, de celui dont notre langue, notre anglais brut, est venue une musique telle que je n'entendrais jamais d'aucune autre. Dans ce discours, il n'y avait rien de notre négligence américaine négligée, mais une conscience véritablement italienne et un sens artistique de la beauté de l'instrument.

J'ai vu, avant qu'il ne s'asseye en face de moi sur sa table à écrire, qu'il n'était pas loin de la taille moyenne ; mais son port dressé tirait le meilleur parti de ses cinq pieds et quelques pouces. Il fumait la pipe qu'il aimait, et il la remit bientôt dans sa bouche, comme s'il s'y trouvait plus à l'aise, lorsqu'il se mit à causer, ou plutôt à me laisser montrer quel genre de jeune homme j'étais. en me donnant le premier mot. Je lui ai raconté la peine que j'avais eu à le retrouver, et je n'ai pu m'empêcher d'ajouter quelque chose sur la recherche de Borne par Heine, lorsqu'il est allé le voir à Francfort ; mais je sentis aussitôt que c'était un faux départ, car Lowell était un amoureux si passionné de Cambridge, qui était véritablement sa patria, au sens italien du terme, que cela avait dû lui faire mal d'être inconnu de qui que ce soit ; il dit, un peu sèchement, qu'il n'aurait pas dû croire que j'aurais autant de difficultés ; mais il ajouta, avec indulgence, que ce n'était pas sa propre maison, dont il était absent pour le moment. Puis il me parla de Heine, et comme je manifestais mon ardeur pour lui, il chercha à la tempérer par quelques critiques judicieuses, et me dit qu'il avait gardé le premier poème que je lui avais envoyé, longtemps il était resté méconnu, pour m'assurer qu'il ne s'agissait pas d'une traduction. Il m'a interrogé sur moi-même, sur mon nom et sur son origine galloise, et a semblé trouver la vanité que j'avais là-dedans assez inoffensive. Quand j'ai dit que j'avais essayé de croire que j'étais au moins le descendant littéraire de Sir James Howels, il m'a gentiment corrigé avec « James Howel » et a pris un volume des « Lettres familières » des étagères derrière lui pour prouver que j'ai tort. Cela a toujours été son habitude, comme je l'ai découvert par la suite, lorsqu'il citait quelque chose d'un livre, il aimait se le procurer et relire le passage, comme s'il goûtait une sorte de douceur accumulée dans les mots. Cela le contrariait visiblement si on lui montrait la moindre erreur ; mais

"L'amour qu'il portait à l'apprentissage était en faute"

pour cette faiblesse, et cette autre de redresser les gens s'il pensait qu'ils avaient tort. Je ne pouvais pas m'opposer à sa version du nom de Howels, car mon édition de ses lettres se trouvait très loin dans l'Ohio, et j'étais obligé d'admettre que le nom y était orthographié de plusieurs manières différentes. Il comprit sans doute pourquoi j'avais choisi la forme qui ressemblait à la mienne, avec le titre que l'agréable vieux transfuge aurait dû recevoir des nombreux maîtres qu'il servait selon leurs nombreux esprits, mais qu'il n'a jamais eu que de cette édition erronée. Mais il ne m'a pas affligé pour cela ; probablement cela l'amusait trop ; il m'a posé des questions sur l'Occident, et lorsqu'il a constaté que j'étais aussi fier de l'Occident que du Pays de Galles, il a semblé encore plus satisfait et a dit qu'il avait toujours imaginé que la nature humaine y était disposée à une échelle bien plus grande que celle du Pays de Galles. à l'Est, mais il avait très peu vu l'Ouest. Dans mon cœur, je ne pensais pas cela alors, et je ne le pense pas maintenant ; la nature humaine a eu plus de terrain à étendre en Occident ; c'est tout; mais « ce n'était pas à moi d'échanger des paroles avec mon souverain ». Il dit qu'il aimait entendre parler des différences entre les différentes sections, car ce que nous avions le plus à craindre dans notre pays, c'était une uniformité de type ennuyeuse.

Il n'a dit ni maintenant, ni à aucun autre moment au cours des nombreuses années que je l'ai connu, aucune de ces insultes à l'égard de l'Occident que j'ai eu si souvent à subir de la part des Orientaux, mais il m'a permis d'en faire l'éloge autant que je voulais. Il m'a demandé par quel chemin j'avais pris pour venir en Nouvelle-Angleterre, et quand je lui ai dit, et que j'ai commencé à m'extasier sur la beauté et le caractère pittoresque du Canada français et à épancher ma joie au Québec, il a dit avec un sourire qui avait maintenant perdu tout son givre, Oui, le Québec, c'était un peu le XVIIe siècle ; elle était à bien des égards plus française que la France, et ses habitants parlaient la langue de Voltaire, avec l'accent de l'époque de Voltaire.

Je ne me souviens pas de quoi d'autre il parlait, même si une fois je m'en suis souvenu avec ce que je croyais être une distinction ineffaçable. Je n'en ai rien écrit à l' époque ; J'étais trop occupé avec les lettres que j'écrivais pour un journal de Cincinnati ; et j'étais fermement déterminé à garder toutes les personnalités à l'écart d'eux. C'était très bien, mais je souhaiterais maintenant avoir transgressé au moins jusqu'à rapporter certaines des choses que Lowell a dites ; car le journal n'imprimait pas mes lettres, et cela aurait été parfaitement sûr et très utile pour le présent propos. Mais peut-être n'a-t-il rien dit de très mémorable ; pour ce faire, vous devez avoir quelque chose de positif chez votre auditeur ; et j'étais la simple réponse, l'écho creux, que la jeunesse devait être dans des circonstances similaires. J'avais toujours peur d'épuiser mon accueil, et je me dépêchais de partir alors que j'aurais si volontiers séjourné. Je ne me souviens pas où je comptais aller, ni pourquoi il aurait dû entreprendre de me montrer le chemin à travers les lots, mais c'est ce qu'il fit ; et lorsque nous arrivâmes à une clôture que je franchis sans grâce, il posa ses mains sur le sommet et essaya de la saisir d'un bond. Il essaya deux fois, puis se moqua de son échec, mais pas avec beaucoup de plaisir, et il ne fut satisfait que lorsqu'une troisième épreuve le fit traverser. Puis il dit : « Je fais souvent ça la première fois », comme si c'était une habitude fréquente chez lui, tandis que je restais discrètement silencieux et que, pour ce moment au moins, je me sentais l'aîné de l'homme qui avait tant de choses sur le garçon. En lui. Il avait, en effet, jusqu'à la fin, une grande partie du garçon en lui, et il se séparait de chaque heure de sa jeunesse à contrecœur, pathétiquement.

VIII.

Nous avons traversé ce qui devait être Jarvis Field jusqu'à ce qui devait être North Avenue, et là il m'a laissé. Mais avant de me laisser partir, il me tint la main pendant qu'il pouvait dire qu'il voulait que je dîne avec lui ; seulement, il n'était pas chez lui, et il me demandait de dîner avec lui à la Parker House de Boston, et me faisait part de l'époque plus tard.

Je suppose que j'ai peut-être passé une partie du temps intermédiaire à admirer les merveilles de Boston et à visiter les scènes et les lieux historiques de cette ville et de ses environs. Je suis certainement allé à Charleston, j'ai gravi le monument de Bunker Hill et j'ai exploré le chantier naval, où l'immémorial navire de guerre commencé à l'époque de Jackson s'étirait alors silencieusement sous son long hangar dans un arrêt poétique, comme si l'échec de l'appropriation pour son achèvement avait été une sorte d'enchantement. À Boston, j'ai présenté très tôt ma lettre de crédit à l'éditeur sur laquelle elle était tirée, non pas que j'avais besoin d'argent pour le moment, mais par un jeune désir de voir si elle serait honorée ; et un attaché littéraire de la maison m'accompagna gentiment et me fit découvrir la vie de la ville. Cela me paraissait alors une grande ville, un vortex bouillonnant d'affaires ainsi qu'un tourbillon de gaieté, comme je l'ai vu dans Washington Street et lors d'un concert-promenade au restaurant Copeland à Tremont Row. Il est probable que j'y ai appliqué une certaine force idéalisante, car je n'étais pas si étranger au monde que je dois le paraître ; peut-être ai-je tenu compte de la qualité aussi bien que de la quantité dans mes impressions sur la métropole de la Nouvelle-Angleterre et l'ai-je agrandie dans la mesure de son importance littéraire. Cela me semblait vieux, même après Québec, et il est très probable que j'ai attribué à la ville actuelle tous les Bostoniens morts et disparus dans mon recensement sentimental. Si je ne l'ai pas fait, ce n'était pas la faute de mon cicerone, qui pensait encore plus que moi à la ville qu'il m'a montrée. Je ne sais pas maintenant qui il était, et je ne l'ai jamais revu après mon arrivée là-bas, avec la certitude que c'était lui, même si j'étais souvent tourmenté par la vision d'un visage à lunettes comme le sien, mais pas assez semblable pour le justifier. moi en m'adressant à lui.

Il est devenu une partie de ce Boston fantomatique de ma première visite, qui revenait parfois et possédait à nouveau la ville que j'ai connue si familièrement au cours des années suivantes et à laquelle je m'intéressais si passionnément. Certaines couleurs de mes premières impressions ont teinté les expériences fictives. de personnes dans mes livres, mais j'en retrouve très peu dans ma mémoire. C'est comme une toile de vieille dentelle effilochée, que je dois prendre soigneusement dans ma main, de peur de sa fragilité, et y distinguer du mieux que je peux la silhouette autrefois si distincte. Il y a les rues étroites, qui s'étendent des salines jusqu'aux quais, que je hantais pour leur caractère pittoresque, et il y a Faunal Hall, que j'avais bien plus envie de voir parce que Wendell Phillips y avait parlé que parce qu'Otis et Adams l'avaient fait. Il y a la vieille maison coloniale, et il y a la State House, que j'ose dire que j'ai explorée, avec le Common en pente devant elle. Il y a Beacon Street, avec la Hancock House où elle n'est incroyablement plus, et il y a les débuts de Commonwealth Avenue, et les autres rues de Back Bay, aménagées avec leurs sous-sols creusés dans le terrain aménagé, que le gravier forme. sortaient encore des collines de l'ouest. Il y a le jardin public, nouvellement aménagé et planté, mais sans le pont massif destiné à réduire si ingratement le lac qui l'a occasionné. Mais tout cela est très vague, et je pourrais facilement croire maintenant que c'est quelqu'un d'autre qui l'a vu alors à ma place.

Je pense que je n'ai pas essayé de voir Cambridge le jour même où j'ai vu Lowell, mais que je suis sagement revenu à mon hôtel à Boston et que j'ai essayé de m'en rendre compte. Je suis sorti un autre jour avec une connaissance de l'Ohio ; que j'ai croisé dans la rue. Nous sommes allés ensemble au mont Auburn et j'ai vu ses monuments avec un respect que j'ose dire que leur qualité artistique ne méritait pas. Mais je n'en suis pas désolé, car peut-être qu'ils ne sont pas aussi graves que certains le prétendent. La chapelle gothique du cimetière, si peu ordonnée soit-elle, m'a procuré, avec sa demi-douzaine de statues debout ou assises, une émotion telle que je crains de ne pouvoir l'éprouver maintenant de l'Acropole, de l'abbaye de Westminster et de Santa Crocea en une seule fois. . J'ai essayé d'en donner un sens esthétique, et j'ai fait croire que je pensais que telle chose et cette chose dans cet endroit m'émouvait par sa beauté ou sa beauté ; mais la vérité est que je n'avais de goût que pour la littérature, et que je n'en ressentais pas l'effet que j'aurais si volontiers éprouvé.

J'ai cependant sincèrement aimé le calme orme des chères vieilles rues de Cambridge, et j'ai eu un plaisir réel et instantané dans les maisons coloniales jaunes, avec leurs coins et battants blancs et leurs stores verts, qui se cachaient derrière les buissons de l'avenue I. traversé le mont Auburn. La plus belle d'entre elles était la plus intéressante pour moi, car c'était la maison de Longfellow ; mon compagnon, qui l'avait vu auparavant, me le fit remarquer avec un air d'habitude, et je ne voulus pas lui laisser voir que j'appréciais autant la première vue. J'avais espéré que d'une manière ou d'une autre, je pourrais être assez favorisé pour voir Longfellow lui-même, mais quand j'ai demandé des nouvelles de lui à ceux qui le connaissaient, ils ont répondu : « Oh, il est à Nahant », et j'ai pensé que Nahant devait être très loin. , et en tout cas je ne me sentais pas autorisé à y aller. Je ne suis pas non plus allé voir l'auteur des « Dieux de l'Ambre » qui vivait à Newburyport, m'a-t-on dit, comme si je devais savoir où se trouvait Newburyport ; Je ne le savais pas et je détestais demander. D'ailleurs, il ne me paraissait pas aussi simple qu'il le paraissait dans l'Ohio d'aller voir une jeune dame simplement parce que j'étais épris de sa littérature ; même en tant qu'envoyé de toute la jeunesse entichée de Colomb, je ne pouvais pas vraiment le faire ; et une fois rentré chez moi, j'ai dû expliquer mon échec du mieux que je pouvais. Un autre de mes échecs fut la vue de Whittier, que j'avais alors très envie d'avoir. Ils disaient : « Oh, Whittier vit à Amesbury », mais cela le mettait à une distance indéfinie, et sans la présentation que je ne demanderais jamais, il me fut impossible de partir à sa recherche. En fin de compte, je n'ai vu personne dans la Nouvelle-Angleterre à qui je n'ai été présenté de manière régulière, sauf Lowell, à qui je pensais avoir le droit de faire appel en ma qualité de contributeur, et de la connaissance que j'avais avec lui par lettre. Je ne m'en félicite ni ne m'en veux ; c'était ma timidité qui me retenait plutôt que mon mérite. Il n'y a vraiment aucun mal à rechercher la présence d'un homme célèbre, et je doute que l'homme célèbre éprouve du ressentiment envers le désir des gens de le regarder sans une certaine mesure, grande ou petite, d'affectation. Il y a des ennuis partout, mais il est plus probable qu'il les trouve chez les figures habituelles de la société que chez ces jeunes ou ces personnes âgées qui viennent à lui par amour de ce qu'il a fait. Je sais bien avec quelle fureur Tennyson rencontrait parfois ses fidèles et avec quelle insolence Carlyle, mais je pense que ces faits ne sont que de petites taches dans leur sincérité. Nos célébrités, plus douces et plus honnêtes, ne s'interdisaient pas l'approche, et j'en ai vu quelques-unes adoratrices de caresses qui ne semblaient guère dignes de leur bonté ; mais cela valait mieux que d'avoir blessé un esprit sensible qui s'était aventuré trop loin, par les règles qui nous gouvernent avec les hommes ordinaires.

IX.

Mes relations d'affaires étaient avec la maison qui a si promptement honoré ma lettre de crédit. Cette maison avait publié dans l'Est la vie de campagne de Lincoln que j'avais récemment écrite, et j'ose dire qu'elle aurait publié le volume de poèmes que j'avais écrit plus tôt avec mon ami Piatt, s'il y avait eu un public pour cela ; au moins, j'ai vu un grand nombre de livres sur les comptoirs. Mais toutes mes affiliations littéraires étaient avec Ticknor & Fields, et c'est la librairie Old Corner de Washington Street qui a attiré mon cœur dès que j'ai rempli mes poches à Cornhill. Après avoir vérifié le rédacteur en chef de l'Atlantic Monthly, j'ai eu envie de vérifier ses éditeurs, et il s'est avéré très justement que lorsqu'on m'a fait entrer dans la petite chambre de M. Fields à l'arrière du magasin, avec sa vitrine donnant sur School Street et sa tenue savante. en livres et en gravures, il venait de recevoir les feuilles de magazine d'un de mes poèmes chez les imprimeurs de Cambridge. Il venait alors de l'étranger, et il avait le goût pour les choses américaines qu'un séjour à l'étranger est susceptible de renouveler en nous, bien que je ne le savais pas alors et que je ne pouvais pas l'expliquer dans la gentillesse qu'il a exprimée pour mon poème. Il m'a présenté à M. Ticknor, qui, je pensais, n'avait pas lu mon poème ; mais il semblait savoir ce que c'était de la part du jeune associé, et il m'a demandé si j'avais été payé pour cela. J'ai avoué que non, puis il a sorti un sac en peau de chamois, en a pris cinq demi-aigles en or et les a déposés sur le dessus de tissu vert du bureau, ayant à peu près la forme et la taille de la Grande Ourse. Depuis, je ne me suis jamais senti payé aussi généreusement pour une œuvre littéraire, même si j'ai eu plus pour une seule pièce que les vingt-cinq dollars qui m'ont ébloui dans cette constellation. L'éditeur semblait conscient du caractère poétique de la transaction ; il laissa les pièces reposer un moment, avant de les rassembler et de les mettre dans ma main, et dit : « Je pense toujours qu'il est agréable de l'avoir en or.

Mais une expérience terrible avec le poème m'attendait et éteignit pour le moment tout mon plaisir et ma fierté. C'était « L'Histoire du pilote », qui, je suppose, a été autant accepté que tout ce que j'ai écrit en vers (je ne me vante pas d'avoir été largement accepté), et j'avais tenté d'y traiter une phase de la tragédie nationale de l'esclavage, tel que je l'avais imaginé sur un bateau à vapeur du Mississippi. Un jeune planteur a mis au jeu l'esclave qui est la mère de son enfant, et quand il le lui dit, elle se jette sur lui en lui disant :

"Que diras-tu à notre garçon quand il pleurera pour moi, là-bas à Saint Louis ?"

J'avais très bien pensé cela, et c'était naturel et simple, mais un correcteur fatal ne l'avait pas assez bien pensé, ni assez simple et naturel, et il avait fait lire cette ligne :

"Que diras-tu à notre garçon quand il pleurera "Maman", là-bas à Saint Louis ?"

Il avait même eu l'inspiration de citer le mot qu'il préférait à celui que j'avais écrit, afin qu'il n'y ait aucune possibilité miséricordieuse de le prendre pour une faute d'impression, et mon sang se glaça dans mes veines à sa vue. M. Fields m'avait donné les feuilles à lire pendant qu'il parcourait quelques lettres, et soit il ressentit le froid de mon horreur, soit j'émis un signe ou un son de consternation qui attira son attention, car il me regarda autour de moi. Je ne pus lui montrer le passage qu'en haletant. J'ose dire qu'il aurait pu aimer rire, car c'était cruellement drôle, mais il ne l'a pas fait ; il s'inquiétait pour le magazine ainsi que pour moi. Il a déclaré que lorsqu'il avait lu ce vers pour la première fois , il avait pensé que je n'aurais pas pu l'écrire ainsi, et il était d'accord avec moi que cela tuerait le poème s'il sortait sous cette forme. Il entreprit aussitôt de réparer le mal, autant que possible. Il découvrit que toute l'édition de cette feuille avait été imprimée, et l'air s'obscurcit de nouveau autour de moi, éclairé çà et là par des éclairs funestes de l'esprit du journal à mes dépens, que j'avais prévu dans ma misère ; Je savais moi-même ce que j'aurais dû dire d'une telle chose, si elle avait été celle d'un autre. Mais l'éditeur décida aussitôt que la feuille devait être réimprimée, et je repartis faible, comme si j'avais échappé à un péril mortel. Par la suite, il est apparu que le vers avait dépassé le premier correcteur au moment où je l'écrivais, mais que le lecteur final était entré avec tant de sympathie dans l'intention réaliste de mon poème qu'il avait contribué à la modification qui avait presque été ma fin.

<h2 style="text-align:center">X.</h2>

En fin de compte, je vécus sans plus de difficultés jusqu'au jour et à l'heure du dîner que Lowell me préparait ; et je pense vraiment, en me regardant impersonnellement et en me rappelant le genre de jeune homme que j'étais, que cela aurait été bien dommage si je ne l'avais pas fait. Le dîner eut lieu à deux heures, la vieille heure de Boston, et la table fut dressée pour quatre personnes dans une petite chambre haute de Parker's, ce dont je n'ai jamais pu être sûr par la suite. Lowell était déjà là quand je suis arrivé, et il m'a présenté, à mon indicible plaisir et surprise, au Dr Holmes, qui était là avec lui.

Holmes se trouvait dans l'heure la plus brillante de cette merveilleuse seconde jeunesse dans laquelle sa renommée s'est épanouie longtemps après que le monde pensait qu'il avait achevé le cycle de sa vie littéraire. Il était déjà pleinement reconnu comme un poète à l'esprit délicat, à l'humour agile, à l'imagination légère et à la grâce exquise, lorsque les journaux Autocrat avancèrent indéfiniment son nom au-delà des limites que la plupart des immortels auraient trouvées suffisamment étendues. La merveille de son invention était encore fraîche dans l'esprit des hommes, et le temps n'avait en rien atténué le sens de sa nouveauté. Ses lecteurs l'identifiaient tous affectueusement à son œuvre ; et je m'attendais vraiment à me retrouver en présence de l'autocrate lorsque je rencontrerais le Dr Holmes. Mais la fascination n'en était pas moins pour cette raison ; et le sourire séduisant, le regard sage et plein d'humour, toute cette manière cordiale étaient aussi importants pour moi que si j'avais pressenti quelque chose de tout à fait différent. Je le trouvai physiquement de la hauteur napoléonienne qui domine spirituellement les Alpes, et je pus le regarder en face sans cet effort désagréable que les géants d'esprit inférieur coûtent si souvent à l'homme de cinq pieds quatre pouces.

Peu de temps après, Fields entra, et alors notre numéro et mon plaisir furent complets.

Rien d'autre, en vérité, d'aussi richement satisfaisant que toute cette affaire n'aurait pu arriver à un jeune pareil à un tel point de sa carrière ; et lorsque je me suis assis avec le docteur Holmes et M. Fields, à la droite de Lowell, j'ai ressenti de part en part la perfection dramatique de l'événement. Le bon autocrate en reconnaissait certaines qualités dans des termes qui n'en étaient pas moins précieux et gracieux par leur excès humoristique. Je n'ai aucune raison de penser qu'il ait déjà lu aucun de mes pauvres vers, ou qu'il m'ait confié autrement que la confiance totale de Lowell ; mais il se pencha vers son hôte et me dit en riant : « Eh bien, Jacques, c'est quelque chose comme la succession apostolique ; c'est l'imposition des mains. J'ai pris sa douce et caressante ironie comme il le pensait ; mais le charme de cela m'est venu à l'esprit bien avant toute goutte de vin, ainsi que le charme de l'entendre, lui et Lowell, s'appeler James et Wendell, et de les trouver toujours cordialement garçons ensemble.

J'aurais volontiers brillé devant ces grandes lumières dans le discours qui a suivi, si j'avais pu penser à quelque chose de brillant à dire, mais je ne le pouvais pas, et je les ai donc laissées briller sans qu'un rayon de splendeur se reflète de ma part. C'était un discours comme je n'en avais évidemment jamais entendu auparavant, et ce n'est pas assez dire que de dire que je n'ai jamais entendu un tel discours depuis, sauf de la part de ces deux hommes. C'était aussi léger et gentil que profond et vrai, et il couvrait plus d'une centaine de choses, avec un éclat perpétuel de l'esprit du docteur Holmes et la lueur constante des sens incandescents de Lowell. De temps en temps, Fields venait avec une de ses délicieuses histoires (il s'agissait de croquis de personnages, qu'il n'hésitait pas parfois à caricaturer), ou avec quelques critiques de la situation littéraire du point de vue à la fois de son amateur et de son éditeur de livres. J'ai entendu des célébrités que j'avais acceptées comme des preuves de pouvoir traitées comme factices, et j'ai été témoin d'une franchise concernant la paternité, de loin comme de près, que je n'avais pas rêvé que des auteurs utilisent. Lorsque le docteur Holmes comprit que j'écrivais pour le Saturday Press, qui faisait un grand nombre de publications parmi certaines immortalités bostoniennes de l'époque, il sembla disposé à ce que je sache qu'elles n'étaient pas considérées comme si éternelles à Boston et que je ne devrais pas accepter le trop au sérieux l'idée d'une société d'admiration mutuelle, ou accepter la vision bohémienne new-yorkaise de Boston comme vraie. Pour l'essentiel, la conversation ne s'adressait pas à moi, mais devenait un échange de pensées et d'imaginations entre lui et Lowell. Ils touchèrent, je m'en souviens, à certaines questions de technique, et le médecin avoua qu'il avait contre certains mots un préjugé qu'il ne pouvait surmonter ; par exemple, dit-il, rien ne pouvait l'inciter à utiliser « dessous » pour « dessous », aucune exigence de versification ou d'accentuation de la rime. Lowell a soutenu qu'il utiliserait n'importe quel mot qui aurait son sens ; et je pense qu'il a fait cela au détriment de certaines de ses actions antérieures. Il était alors probablement dans la révolte contre trop de littérature dans la littérature, que chacun est destiné tôt ou tard à partager ; il y avait une certaine rugosité, très semblable à la grossièreté, à laquelle il s'est laissé aller avant que sa pensée et sa phrase ne s'adoucissent en une seule musique dans son œuvre ultérieure. J'étais plutôt tacitement d'accord avec le docteur, même si je ne déviais pas de mon allégeance à Lowell, et si j'avais parlé , j'aurais été de son côté : j'aurais donné cela ou toute autre preuve de mon dévouement. Fields a mentionné avec désinvolture qu'il pensait que "Le Pissenlit" était le plus apprécié des plus brefs poèmes de Lowell, et je me suis empressé de dire que je le pensais aussi, même si je n'y pensais pas vraiment ; et puis j'étais désolé, car je voyais que le poète n'aimait pas ça du tout ; et j'ai senti que j'étais dûment puni pour ma malhonnêteté.

Hawthorne a été nommé parmi d'autres auteurs, probablement par Fields, dont la maison venait de publier son « Marble Faun », et qui était récemment rentré chez lui sur le même bateau à vapeur avec lui. Le docteur Holmes m'a demandé si j'avais déjà rencontré Hawthorne, et quand j'ai avoué que j'avais à peine espéré une telle chose, il a souri de son sourire gagnant et a dit : « Ah, eh bien ! Je ne sais pas si vous ressentirez un jour vous l'avez vraiment rencontré. Il est comme une pièce sombre avec un petit cône de personnalité brûlant sur le coin de la cheminée.

Ils parlaient tous de Hawthorne, et avec la même affection, mais avec le même sentiment de quelque chose de mystique et de lointain en lui ; et chaque mot était inestimable pour moi. Mais ces maîtres du métier dont j'étais l'apprenti n'auraient probablement pas pu dire quoi que ce soit que je n'aurais pas trouvé sage et bon, et je suis sûr maintenant que j'aurais été le perdant si le discours avait évité l'une des phases de la nature humaine. qu'il a touché. Il est préférable de constater que tous les hommes sont de la même nature, et qu'il y a certaines choses universelles qui les intéressent autant que les choses célestes, et les amusent encore plus. Il y avait un dicton de Lowell qu'il aimait répéter face à la menace de toute forme de transcendantal, et il aimait se mettre en garde, ainsi que les autres, avec son simple « Souvenez-vous de la cloche du dîner ». Ce que je me souviens de tout l'effet d'un temps si heureux pour moi, c'est que dans tout ce qui se disait, si haut et si beau soit-il, nous ne manquions jamais d'entendre sonner la cloche du dîner ; et c'est peut-être le meilleur effet que je puisse laisser au lecteur. C'était le premier dîner servi dans un service auquel je m'asseyais, et je sentais que ce service lui donnait une importance romantique que voulait encore l'ancienne mode occidentale. Même à la table du gouverneur Chase à Columbus, le gouverneur sculptait ; Je ne connaissais le dîner « à la russe », comme on l'appelait alors, que par les livres ; et c'était une sorte de saveur littéraire que je goûtais dans les plats successifs. Lorsqu'il s'agissait du café noir, puis des « petits verres » de cognac, surmontés de morceaux de sucre incendiés, c'était quelque chose qui transcendait tellement mon expérience personnelle qu'il commençait à paraître tout à fait visionnaire.

Ni Fields ni le docteur Holmes ne fumaient, et je dus avouer que non ; mais Lowell fumait assez pour tous les trois, et l'étincelle de son cigare commença à apparaître dans la lumière déclinante avant que nous ne quittions la table. Le temps qui n'a jamais eu et ne pourra jamais avoir son semblable pour moi devait prendre fin, comme tous les temps doivent le faire, et lorsque j'ai serré la main de Lowell pour me séparer, il m'a bouleversé en me disant que si je pensais aller à Concord, il m'enverrait une lettre à Hawthorne. Je ne devais plus revoir Lowell pendant mon séjour à Boston ; mais le docteur Holmes m'a demandé de prendre le thé pour le lendemain soir, et Fields m'a dit que je devais venir déjeuner avec lui le matin.

XI.

Je me souviens avec l'affection due à sa nature amicale et à la gentillesse de passer ensuite entre nous pendant de nombreuses années, tout l'aspect de l'éditeur lorsque je l'ai vu pour la première fois. Ses cheveux abondants et sa pleine « barbe large comme une bêche », qui coulait de sa gorge en boucles homériques, furent touchées par les premières gelées. Il avait un beau teint, et ses yeux, aussi vifs que gentils, scintillaient sans cesse au-dessus du roux sain de ses joues. Sa silhouette corpulente était vêtue de ces tweeds écossais qui n'avaient pas encore remplacé le drap traditionnel chez nous en Occident, même si je l'avais envoyé à New York chercher un costume grossier, et je ne me sentais donc pas tout à fait indigne de rencontrer un homme fraîchement sorti des mains. du tailleur londonien.

Sinon, j'étais autant en admiration devant lui que son âme joviale me le permettait ; et si je puis me permettre, j'aimerais suggérer à la jeunesse littéraire d'aujourd'hui une idée de l'importance de son nom pour la jeunesse littéraire de mon époque. Il a donné un caractère esthétique à la maison Ticknor & Fields, mais il n'a en aucun cas été un partenaire silencieux sur le plan économique. Personne ne peut prédire la fortune d'un nouveau livre, mais il le savait aussi bien que n'importe quel éditeur peut savoir non seulement si un livre était bon, mais aussi si le lecteur le penserait ; et je suppose que sa maison a fait aussi peu de mauvaises suppositions, en même temps que de bonnes, que n'importe quelle maison qui a jamais mis à l'épreuve l'humeur incertaine du public avec ses aventures. Dans l'esprit de tous ceux qui aimaient le tissu brun uni et l'impression de bon goût de ses numéros, il était plus ou moins intimement associé à leur littérature ; et ceux qui ne se trompaient pas en considérant De Quincey comme l'un des auteurs les plus délicieux du monde étaient particulièrement reconnaissants envers l'homme qui le premier édita ses écrits sous forme de livre, et fiers que cette édition fût l'effet de la sympathie américaine à leur égard. À cette époque, je croyais que la paternité était la vocation la plus noble du monde, et je serais encore incapable d'en nommer une plus noble. Les grands auteurs que j'avais rencontrés étaient pour moi la somme de la grandeur, et si je ne pouvais classer leur éditeur avec eux en vertu d'une œuvre égale, je le brevetais généreusement digne de leur amitié et l'honorais dans la mesure visible de celle-ci.

Dans sa maison à côté du Charles et dans le voisinage immédiat du docteur Holmes, je trouvai une odeur et un air de livres tels que je pensais pouvoir appartenir aux célèbres maisons littéraires de Londres. Elle est toujours là, cette maison amicale de raffinement lettré, et l'esprit bienveillant qui a su m'accueillir et faire le moins de ma timidité et de mon étrangeté, et le plus du peu d'autre qu'il y avait en moi, l'éclaire encore, bien que Mon hôte de ce moment de ravissement a été pendant de nombreuses années celui de ceux qui sont seulement avec nous, invisibles et inouïs. Je me souviens de sa feinte burlesque ce matin-là d'un chagrin inextinguible lorsque j'ai avoué que je n'avais jamais mangé de gâteau aux myrtilles auparavant, et comment il revenait sans cesse au pathos du fait qu'il devrait y avoir une région de la terre où le gâteau aux myrtilles était inconnu. Nous déjeunâmes dans la jolie salle dont les fenêtres donnent, à travers les feuilles et les fleurs, sur le va-et-vient du fleuve, et dont les murs étaient couverts de visages et d'autographes de tous les poètes et romanciers contemporains. Les Fields avaient passé quelques jours avec Tennyson au cours de leur récent séjour en Angleterre, et Mme Fields avait beaucoup à dire sur lui, à quoi il ressemblait, comment il fumait, comment il lisait à haute voix et comment il disait lorsqu'il lui demandait de l'accompagner. lui à la tour de sa maison : « Montez et voyez le triste coucher de soleil anglais ! qui avait pour moi une valeur instantanée comme aurait pu avoir certains de ses riches vers. J'étais très nouveau dans tout cela, je ne saurais dire combien il était nouveau, mais je me flattais de respirer cette atmosphère comme au retour d'un exil de toute une vie. Pourtant, je me vantais un peu patriotiquement de l'Occident et je leur disais fièrement qu'à Colomb aucun livre depuis La Case de l'oncle Tom ne s'était aussi bien vendu que « Le Faune de marbre ». Cela produisit l'effet que je souhaitais, mais si c'était vrai ou non, Dieu le sait ; Je sais seulement que je l'ai entendu de notre principal libraire, et je n'en ai pas parlé moi-même.

Après le petit-déjeuner, Fields partit au bureau et je m'attardai, tandis que Mme Fields me faisait visiter la bibliothèque d'une étagère à l'autre et m'éblouissait par la vue des exemplaires d'auteurs et des volumes inestimables avec les autographes et les notes au crayon des auteurs. les hommes dont les noms m'étaient chers à cause de mon amour pour leur travail. Partout il y avait un souvenir des célébrités vivantes que mes hôtes avaient rencontrées ; et qui n'avaient-ils pas rencontré lors de ce séjour anglais, quelques jours avant que l'Angleterre ne s'aigrisse envers nous pendant notre guerre civile ? Non seulement Tennyson, mais Thackeray, mais Dickens, mais Charles Reade, mais Carlyle, mais bien des célébrités mineures étaient dans mes oreilles suite à une conversation si récente avec eux que c'était comme si j'entendais leurs voix dans leurs paroles en écho.

Je ne me souviens pas combien de temps je suis resté ; Je me souviens que j'avais peur de rester trop longtemps et je suis donc sûr de ne pas rester aussi longtemps que j'aurais souhaité. Mais je n'ai pas la moindre idée de la manière dont je suis parti, et je ne sais pas exactement où j'ai passé le reste d'une journée qui a commencé dans les nuages, mais a dû se terminer sur la terre commune. Je suppose que je l'ai consacré principalement à errer dans la ville et en partie à consigner mes impressions pour ce journal qui ne les a jamais publiées. Le temps d'été à Boston, avec sa chaleur ensoleillée frappée de part en part par la fraîcheur de la mer, et son air clair sans souffle de fumée, j'ai toujours aimé, mais il avait alors un zeste inconnu auparavant ; et j'aurais dû y penser assez simplement pour y vivre. Mais partout je tombais sur quelque chose qui alimentait ma faim de vieux, de pittoresque, de pittoresque, et quelle que soit la journée qui passait, c'était un banquet, une fête. Je ne peux que me rappeler ma première vision haletante de la Bibliothèque publique et de la Galerie de l'Athénée : de grands sites donc, que le Vatican et le Pitti ont à peine éclipsés par la simple émotion. En fait, je n'ai pas vu ces anciens trésors de littérature et d'art entre le petit-déjeuner avec l'éditeur de l'autocrate le matin et la prise de thé avec l'autocrate lui-même le soir, et cela faisait toute une différence.

XII.

Le thé de cette époque plus simple est totalement inconcevable pour cette génération, qui ne connaît cette chose que comme une forme douce de réception l'après-midi ; mais je suppose qu'en 1860 très peu de gens dînaient tard dans toute notre république pastorale. Le thé était le repas que les gens demandaient aux gens lorsqu'ils souhaitaient s'asseoir pendant longtemps et dans une grande aisance ; c'était en fin de journée, à six heures ou à sept heures ; et on y allait en tenue du matin. Il y avait une atmosphère domestique sans cérémonie dans l'abondance de ses plats légers, et j'imagine que ceux-ci ne variaient pas beaucoup d'Est en Ouest, sauf que nous avions une touche méridionale dans notre poulet frit et notre pain de maïs ; mais à la table à thé de l'autocrate, la tasse d'encouragement avait une saveur qui m'était inconnue avant ce jour. Il m'a demandé si je le savais et j'ai répondu que c'était du thé pour le petit-déjeuner anglais ; car je l'avais bu le matin chez l' éditeur , et je voulais ne pas lui paraître étranger. « Ah, oui, » dit-il ; "mais c'est la fleur du souchong; c'est la fleur, la poésie du thé", puis il m'a raconté comment elle lui avait été offerte par un ami, marchand du commerce de la Chine, qui prospérait autrefois à Boston, et c'était la poésie du commerce, comme cette boisson délicate était le thé. Ce commerce est révolu depuis longtemps, et j'imagine que la plante a cessé de fleurir lorsque le trafic est tombé en décadence.

Les fenêtres de l'Autocrat offraient la même vue sur le Charles que celles de l'éditeur , et après le thé, nous montâmes dans un salon à l'arrière de la même orientation et vîmes le coucher de soleil disparaître sur l'eau, les plaines et les collines à l'ouest. Nulle part ailleurs au monde la journée ne se termine plus belle, et notre conversation prit quelque chose de la coloration mystique que le ciel donnait à ces étendues enveloppantes. C'était principalement son discours, mais j'ai toujours trouvé que les meilleurs orateurs étaient disposés à ce que vous parliez si vous le souhaitez, et une sympathie rapide et un sens subtil répondaient à tout ce que j'avais à dire de lui et du cercle ininterrompu d'intelligences apparentées à propos de lui. lui. Je l'ai revu alors au milieu de sa famille, et peut-être jamais ensuite avec un meilleur avantage et de plus belle humeur. Nous avons parlé de choses auxquelles les gens préféraient peut-être autrefois s'occuper plus qu'aujourd'hui ; des allusions à l'immortalité, des expériences de jeunesse morbide et de tous ces messages des nerfs tremblants que nous prenons pour des prophéties. Je n'avais pas honte, devant sa sagesse tolérante, de reconnaître les effets qui m'avaient si longtemps persisté dans mon imagination et même dans ma conduite, d'une époque de santé brisée et d'esprit troublé ; et je me souviens du tact exquis en lui qui les reconnaissait comme des choses communes à tous, si particulières à chacun, qui les laissait miennes pour quelque obscure vanité que je pouvais avoir en elles, et me donnait pourtant la compagnie de toute la race dans leur expérience. Nous avons parlé de pressentiments et de pressentiments ; nous avons approché les confins mystiques du monde dont aucun voyageur n'est encore revenu avec un passeport' fr regle ' et proprement ' étau ' ; et il poursuivit sa course légère à travers ces impalpabilités filmeuses avec une charmante sincérité, avec la conscience scientifique qui refuse soit de nier la substance des choses invisibles, soit de l'affirmer. Dans le crépuscule naissant, ma chance d'être là et de l'écouter semblait si étrange que j'aurais bien pu être un fantôme béni, malgré toute la réalité que je ressentais en moi.

J'ai essayé de lui dire combien je l'avais lu depuis mon enfance, et avec quelle joie et quel gain ; et il a été patient face à ces futilités, et j'ai sans doute imaginé l'amour qui les inspirait, et j'ai accepté cela au lieu des pauvres éloges. Lorsque le coucher du soleil fut passé, que les lampes furent allumées et que nous revînmes tous à notre chère petite terre ferme, il commença à m'interroger sur ma région natale. De nombreuses questions oubliées, je me souviens qu'il m'a demandé quelle était la religion à la mode à Colomb, ou l'Église qui correspondait socialement à l'Église unitarienne de Boston. Il devait d'abord clarifier mon intelligence quant à ce qu'était l'Unitarisme ; nous avions des universalistes mais pas des unitariens ; mais quand j'ai compris, j'ai répondu, d'un point de vue tel que celui que me donnait le mien, totalement étranger au swedenborgianisme, que je pensais que la plupart des personnes les plus respectables parmi nous appartenaient à l'Église presbytérienne ; certains étaient certainement épiscopaliens, mais dans l'ensemble, le plus grand nombre était presbytérien. Il trouvait cela vraiment très étrange ; et a dit qu'il ne croyait pas qu'il y ait une église presbytérienne à Boston ; que les calvinistes de la Nouvelle-Angleterre appartenaient tous à l'Église orthodoxe. Il a dû m'expliquer l'Oxthodoxie , et ensuite j'ai pu me confesser à une église congrégationaliste de Columbus.

Je n'ai probablement pas réussi à donner à l'autocrate une image très claire de notre cadre social en Occident, mais c'est entièrement ma faute si je l'ai fait. Les tournées de conférences qu'il avait faites ne l'avaient pas amené parmi nous, comme celles d'Emerson et d'autres Néo-Anglais, et mon rapport était positif plutôt que comparatif. J'étais plein de fierté dans le journalisme à cette époque, et j'ose dire que je vantais l'éclat et la puissance de nos journaux plus qu'ils ne le méritaient ; Autrement, je n'aurais pas dû leur faire du tort. Il est étrange que dans toutes les conversations que j'ai eues avec lui et Lowell, ou plutôt entendues de leur part, je ne me souvienne rien de ce qui a été dit sur les affaires politiques, bien que Lincoln ait alors été nommé par les républicains et que la guerre civile ait pratiquement commencé. Mais nous n'imaginions pas une telle chose dans le Nord ; nous étions convaincus que si Lincoln était élu, le Sud mangerait toutes ses paroles enflammées, peut-être par simple amour et par habitude invétérée de cracheur de feu.

Je m'éloignai le plus tôt possible de la présence de l'autocrate, et comme ma soirée avait été trop pleine de bonheur pour dormir tout de suite, j'ai passé le reste de la nuit jusqu'à deux heures du matin à errer dans les rues et dans la commune. avec un senior de Harvard que j'avais rencontré. C'était un jeune homme qui partageait les mêmes passions littéraires que moi, mais dont les traditions étaient si différentes à tous points de vue que sa vie profondément instruite et définitivement réglée me paraissait aussi anormale que ma propre voie décousue et introspective devait lui paraître. Nous passâmes le temps dans la joie d'essayer de nous faire connaître l'un à l'autre, et dans la promesse de poursuivre par lettre l'effort, qui tomba dûment dans une patience silencieuse face à un problème nécessairement insoluble.

XIII.

J'ai dû m'attarder à Boston pour l'introduction à Hawthorne que Lowell m'avait offerte, car quand elle arriva, avec une petite note de gentillesse et des conseils pour moi-même comme seul Lowell avait le don d'écrire, il était déjà si proche de dimanche que je je suis resté jusqu'à lundi avant de commencer. Je ne me souviens pas de ce que j'ai fait de ce temps, sauf de m'empêcher d'en faire un fardeau pour les gens que je connaissais et d'errer seul dans la ville. Il ne m'en reste plus que la fortune qui m'a favorisé ce dimanche soir avec une vue sur le vieux Granary Burying-ground de Tremont Street. J'ai trouvé les portes ouvertes et j'ai exploré tous les chemins du lieu, me plongeant dans la maigre émotion que j'ai pu ressentir du tombeau de la famille Franklin, et me réjouissant de toute l'âme de ma modernité occidentale dans le témoignage d'une antiquité lointaine. ce que tant d'inscriptions obscures offraient. Je ne crois pas avoir jamais connu quelque chose de pratiquement plus ancien que ces monuments, quoique j'aie depuis souper si plein de ruines classiques et médiévales. Je suis sûr que j'ai été plus profondément touché par l'épitaphe d'une pauvre petite puritaine morte à seize ans au début des années trente que par la tombe de Caecilia Metella, et que le chagrin que j'ai essayé de mettre en vers lorsque j'ai Mon retour dans ma chambre à l'hôtel n'en était pas moins authentique, car il ne se prêtait pas à mon propos littéraire et n'est encore aujourd'hui que pathétique.

Je ne peux pas dire comment je suis arrivé à la ville de Lowell, où je suis allé avant d'aller à Concord, pour apaiser la mauvaise conscience que j'avais au sujet de ces usines que je détestais tant voir, et les nettoyer pour le plaisir de rencontrer le fabricant de visions que j'étais autorisé à agresser dans n'importe quel château aérien où je pourrais le trouver. Je sais seulement que je suis allé à Lowell et que j'ai visité l'un des grands moulins qui, avec leurs bobines vrombissantes, le vol incessant de leurs navettes et la vue et le bruit ahurissants de tout leur mécanisme, m'ont depuis semblé la mort de la joie. cela devrait venir du travail, sinon de la captivité de ceux qui les entretenaient. Mais ensuite j'ai pensé que c'était bien pour moi de rester là,

"Avec des regards malades et méprisants,"

pendant que ces autres travaillaient ; Je n'y ai pas vu la tragédie, et j'ai dissipé dès que j'ai pu ma pitoyable antipathie littéraire, pas plus sage à la vue des artifices ingénieux que j'ai inspectés, et je suis désolé de ne pas dire plus triste. Dans la fraîcheur du soir, je m'asseyais à la porte de mon hôtel et regardais défiler les longues files de filles d'usine usées par le travail, sans autre souci pour elles que de voir laquelle était jolie et laquelle était simple, et sans aucun souci pour elles. rêvent d'un ordre plus vrai que celui qui leur donnait dix heures de travail par jour dans ces hideux moulins et les logeait dans la caserne où ils se reposaient de leur labeur.

Je me demande s'il existe encore une étape qui se déroule encore entre Lowell et Concord, le long des murs des prairies, sous les branches caressantes des ormes au bord du chemin, et à travers l'obscurité hantée par les oiseaux des routes boisées, dans la fraîcheur du matin d'été ? Par un heureux hasard, j'ai découvert qu'une telle étape existait en 1860, et je l'ai prise depuis mon hôtel, au lieu de retourner à Boston et de monter à Concord comme j'avais dû le faire en train. Le voyage m'a donné l'intimité du pays de la Nouvelle-Angleterre comme je n'aurais pu l'avoir d'une autre manière, et pour la première fois je l'ai vu dans toute la douceur estivale dans laquelle j'ai souvent baigné mon âme depuis. Les prés étaient fraîchement fauchés, et l'air était parfumé par l'herbe, s'étendant en longs vans parmi les melons bruns, ou coiffée de toile dans les petits foin dans lesquels elle avait été ramassée la veille. Je venais tout droit des riches fermes de la réserve occidentale, et ce soin de l'herbe me touchait d'une grossière pitié, que j'accordais aussi aux maigres champs de maïs et de blé ; mais le pays n'en était pas moins plus beau que tout ce que j'avais jamais vu, avec ses vieilles fermes et ses murs de pierres grises et de ronces , ses coteaux pierreux, ses vergers vertigineux, ses cimes boisées et ses vallées de fougères épaisses . D'Ouest en Est, la différence était aussi grande que je l'ai trouvée plus tard entre l'Amérique et l'Europe, et mon impression de quelque chose de pittoresque et d'étrange n'était pas plus vive lorsque j'ai vu la Vieille Angleterre l'année suivante que lorsque j'ai vu la Nouvelle Angleterre maintenant. J'avais imaginé le paysage dénué d'arbres, et j'ai été étonné de le trouver presque aussi plein d'arbres que chez moi, bien qu'ils aient tous l'air très petits, comme cela pourrait bien être le cas pour des yeux habitués aux forêts primitives de l'Ohio. La route les traversait de temps en temps, prenait leur fraîcheur sur ses tronçons lisses et durs, puis ressortait dans la lueur des champs ouverts.

Je me faisais des phrases sur le paysage pendant que nous roulions ; et oui, je suppose que j'ai fait des phrases sur la jeune fille qui était l'un des passagers à l'intérieur et qui, lorsque l'étrangeté commune s'est quelque peu dissipée, s'est mise à chanter et a chanté pendant la majeure partie du trajet jusqu'à Concord. Peut-être qu'elle n'était pas très sage, et je suis sûr qu'elle n'était pas de la caste de Vere de Vere, mais elle était assez jolie, et elle avait une voix accordable comme celle d'un oiseau , pour que je ne la laisse pas hors du commun. souvenir de cet agréable voyage si je le pouvais. Elle était autrefois une femme âgée, si elle vit, et je suppose qu'elle ne signalerait plus son compagnon de voyage s'il se promenait le soir près de la maison où elle avait mis pied à terre, à son arrivée à Concord, et riait et tirait un autre fille loin de la fenêtre, dans la grande excitation de la prodigieuse aventure.

<h2 style="text-align:center">XV.</h2>

Son compagnon de voyage était dans une bien autre excitation ; il devait voir Hawthorne, et de manière à rencontrer Priscilla et Zenobia, et Hester Prynne et la petite Pearl, et Miriam et Hilda, et Hollingsworth et Coverdale, et Chillingworth et Dimmesdale, et Donatello et Kenyon ; et il n'avait pas de cœur pour une si pauvre petite réalité comme celle-là, qui n'aurait pas pu se laisser entraîner dans une histoire respectable et qui devait être difficile même dans un poème heinesque .

Je passai toute la soirée et la matinée suivante à attendre tendrement, et ce ne fut qu'après le dîner indifférent que je reçus à la taverne où je m'arrêtai que je trouvai le courage d'aller présenter la lettre de Lowell à Hawthorne. J'aurais presque renoncé à rencontrer ce génie bizarre pour avoir gardé cette lettre, car elle disait de moi certaines choses infiniment précieuses avec une telle douceur, une telle grâce, que Lowell seul pouvait en faire l'éloge. Des années plus tard, lorsque Hawthorne était mort, j'ai rencontré Mme Hawthorne et je lui ai raconté le chagrin que j'avais ressenti en m'en séparant, et elle me l'a envoyé, doublement enrichi par la garde de Hawthorne. Mais maintenant, si je devais le voir, je devrais abandonner ma lettre, et je la portai à la main jusqu'à la porte de la maison qu'il appelait The Wayside. Ce n'était jamais autre chose qu'un endroit très modeste, mais la modestie était alors plus grande qu'aujourd'hui, et il y avait déjà quelques menuiseries préliminaires à une extrémité de la maison, qui, je le vis, devaient entraîner une extension. Je me souviens des champs agréables de l'autre côté de la route ; derrière s'élevait une colline boisée de pins bas, telle qu'elle fait de Septimius Felton le théâtre du duel involontaire entre Septime et le jeune officier britannique. J'ai l'impression que les bois descendent jusqu'à la maison, mais si c'était le cas, je ne sais que faire d'une pente herbeuse qui semble s'être étendue à mi-hauteur de la colline. En m'approchant, j'ai cherché la tour dans laquelle l'auteur était censé grimper à la vue de l'invité qui arrivait, et j'ai tiré l'échelle derrière lui ; et je me demandais s'il volerait devant moi de cette manière, ou s'il imaginerait un moyen plus facile de m'échapper.

La porte a été ouverte à ma bague par un grand et beau garçon que je suppose être M. Julian Hawthorne ; et l'instant d'après je me trouvai en présence du romancier, qui entra par quelque pièce au-delà. Il avançait en portant sa tête avec un lourd affaissement vers l'avant et avec un rythme pour lequel j'ai décidé que le mot serait méditer. C'était l'allure d'un homme corpulent d'une cinquantaine d'années, et sa tête était cette belle tête que nous connaissons tous grâce aux nombreuses photos. Mais le regard de Hawthorne était différent de celui de toutes les photos de lui que j'ai vues. C'était sombre et maussade, comme aurait dû l'être le regard d'un tel poète ; c'était le regard d'un homme qui avait traité fidèlement et donc avec tristesse ce problème du mal qui attirait à jamais, et évitait à jamais Hawthorne. Ce n'était en aucun cas troublé ; c'était plein d'un sombre repos. D'autres qui le connaissaient mieux et le voyaient plus souvent connaissaient d'autres aspects, et je me souviens qu'un soir, à la table de Longfellow, lorsqu'un des invités parla par hasard de la photographie de Hawthorne accrochée dans un coin de la pièce, Lowell dit : après y avoir jeté un coup d'œil, "Oui, c'est bien ; mais il n'a pas son bel aspect 'accipitral' [relatif à l'apparence d'un oiseau de proie ; semblable à un faucon. DW]."

Cependant, dans le visage qui me faisait face, il n'y avait rien d'une vive vigilance ; mais seulement une sorte d'intelligence tranquille et patiente, pour laquelle je cherche en vain le mot juste. C'était un visage très régulier, avec de beaux yeux ; la moustache, encore entièrement noire, était dense sur la bouche fine. Hawthorne était vêtu de noir, et il avait un certain effet, dont je me souviens, de paraître avoir une cravate noire sans col visible. C'était un tel homme que si je l'avais rencontré par ignorance quelque part, j'aurais immédiatement senti qu'il était un personnage.

J'ai dû lui remettre la lettre moi-même, car je ne me souviens pas de m'en être séparé auparavant, mais je me souviens seulement qu'il m'a tendu la main et qu'il m'a accueilli timidement et avec hésitation. Après quelques instants de démoralisation qui suivirent ses tentatives hospitalières envers moi, il me demanda si je ne voudrais pas monter avec lui sur sa colline et m'asseoir là où il fumait l'après-midi. Il m'a offert un cigare, et comme je lui ai dit que je ne fumais pas, il l'a allumé lui-même et nous avons gravi la colline ensemble. Au sommet, là où il y avait une vue parmi les pins sur les prairies de Concord, nous avons trouvé une bûche et il m'a invité à m'asseoir dessus à côté de lui et, à intervalles d'une minute environ, il parlait tout en fumant. Le ciel m'a préservé de la folie d'essayer de lui dire combien ses livres m'avaient été, et bien que nous ne nous soyons jamais entendus rapidement, je pense que nous nous sommes mieux entendus grâce à cette intervention. Il m'a posé des questions sur Lowell, j'ose dire, car je lui ai fait part de ma joie de le rencontrer ainsi que le docteur Holmes, et cela a semblé beaucoup l'intéresser. Peut-être parce qu'il venait si récemment d'Europe, où nos grands hommes sont toujours vus du mauvais côté du télescope, il parut surpris de mon dévouement et me demanda si je tenais autant à les rencontrer qu'à rencontrer le célèbre Auteurs anglais. J'ai déclaré que je m'en souciais beaucoup plus, même si c'était vrai, j'ai maintenant des doutes, et je pense que Hawthorne en doutait à l'époque. Mais il ne dit rien et continua en parlant de manière générale de l'Europe et de l'Amérique. Il était curieux de connaître l'Occident, qu'il semblait considérer comme beaucoup plus purement américain, et disait qu'il aimerait voir une partie du pays sur laquelle l'ombre (ou, si je dois être précis, l'ombre maudite) de l'Europe n'avait pas disparu. déchu. Je lui ai dit que je pensais que l'Occident devait finalement être caractérisé par les Allemands, que nous avions en grand nombre, et, uniquement par mon zèle pour la poésie allemande, j'ai essayé d'alléguer quelques preuves de leur influence actuelle, même si je n'en ai trouvé aucune en dehors de moi. de la politique, que je pensais qu'ils affectaient de manière saine. Je savais que Hawthorne était démocrate et je sentais qu'il était bon de toucher à la politique à la légère, mais il n'avait pas plus à dire sur les élections fatidiques alors imminentes que Holmes ou Lowell.

Avec la transition brusque de son discours, il commença d'une manière ou d'une autre à parler de femmes et dit qu'il n'avait jamais vu une femme qu'il trouvait assez belle. De la même manière, il parlait du tempérament de la Nouvelle-Angleterre et suggérait que sa froideur apparente était également réelle et que la suppression des émotions pendant des générations l'éteindrait enfin. Puis il m'a interrogé sur ma connaissance de Concord et si j'avais vu des personnes notables. Je répondis que je n'avais encore rencontré personne d'autre que lui-même, mais que je souhaitais beaucoup voir Emerson et Thoreau. Je n'ai pas cru nécessaire de dire que je désirais voir Thoreau autant parce qu'il avait souffert pour la cause de John Brown que parce qu'il avait écrit les livres qui m'avaient captivé ; et quand il disait que Thoreau se piquait de s'approcher plus près du cœur d'un pin que tout autre être humain, je pourrais dire assez honnêtement que je préférerais m'approcher du cœur d'un homme. Cela lui plaisait visiblement, et je vis que cela ne lui déplaisait pas, lorsqu'il me demanda si je n'allais pas voir son prochain voisin, M. Alcott, et j'avouai que je n'avais jamais entendu parler de lui. Cela le surprit autant que le plaisit ; il faisait remarquer, avec quelque intention que ce soit, qu'il n'y avait rien de tel que la reconnaissance pour rendre un homme modeste ; et il entra dans une histoire sur le philosophe, que je suppose que je n'avais pas vraiment honte de ne pas connaître à l'époque, puisque son influence était du genre immédiat qui rend un homme important pour ses citadins alors qu'il est encore étranger pour ses compatriotes.

Hawthorne s'est penché un peu sur le paysage et a déclaré que certains des champs agréables au-dessous de nous lui étaient désireux ; mais il préférait le sommet de sa colline, et s'il pouvait faire ce qu'il voulait, ces champs arables devraient également être plantés de pins. Il fumait par intermittence et lentement, et pendant l'heure que nous passions ensemble, ses bouffées étaient du caractère décousu et indéfini de ses paroles. Lorsque nous descendîmes, il m'invita de nouveau chez lui et me fit rester pour prendre le thé, pour lequel nous trouvâmes la table dressée. Mais il y avait beaucoup de silence dans tout cela, et parfois, malgré sa gentillesse obscure, je sentais mon moral sombrer. Après le thé, il m'a montré une bibliothèque où se trouvaient quelques livres renversés sur des étagères à moitié remplies et m'a dit froidement : « C'est ma bibliothèque. Je savais que les hommes étaient ses livres, et même si j'aimais moi-même beaucoup les livres, je trouvais normal qu'il s'en soucie si peu, ou semble s'en soucier si peu. Certains de ses propres romans figuraient parmi les volumes sur ces étagères, et lorsque j'ai mis le doigt sur « Blithedale Romance » et que j'ai dit que je préférais celui-là aux autres, son visage s'est illuminé et il a dit qu'il pensait que les Allemands aimaient ça. le meilleur aussi.

Dans l'ensemble, nous nous séparâmes de si bons amis que, lorsque je lui proposai de prendre congé, il me demanda combien de temps je resterais à Concord et non seulement me demanda de revenir le voir, mais il me dit qu'il me donnerait une carte pour Emerson, si possible. J'ai aimé. Je répondis bien entendu que cela me plairait par-dessus tout ; et il a écrit au dos de sa carte quelque chose que j'ai trouvé, quand je suis parti, être : « Je trouve ce jeune homme digne. Son caractère suranné, son peu de raideur, si l'on veut l'appeler ainsi, amusait celui qui n'était pas dépourvu de son sens de l'humour, mais la gentillesse me remplissait de joie jusqu'à la gorge. En fait, j'ai entièrement aimé Hawthorne. Il s'était montré aussi cordial qu'un homme aussi timide pouvait se montrer ; et j'aperçus, avec le repos que rien d'autre ne peut donner, toute la sincérité de son âme.

Rien n'aurait pu être plus éloigné du comportement de ce très grand homme que n'importe quelle sorte de pose, apparemment, ou le désir de m'affecter avec le sentiment de sa grandeur. Je vis qu'il était aussi déconcerté que moi par notre rencontre ; il était visiblement timide au point d'être mal à l'aise, mais il n'était pas conscient dans un sens ignoble, et autant qu'il le pouvait avec un homme tellement plus jeune, il a établi une égalité absolue entre nous.

Mon souvenir de lui est sans aucun doute l'un des plus beaux plaisirs de ma vie : dans mon cœur, je lui ai rendu le même joyeux hommage que j'ai rendu à Lowell et Holmes, et il n'a rien fait pour me faire croire que je l'avais trop payé. Cela semble peut-être bien peu de chose à dire dans son éloge, mais à mon avis cela dit tout, car je n'ai connu que peu de grands hommes, surtout parmi ceux que j'ai rencontrés dans ma jeunesse, lorsque je voulais leur prodiguer mon admiration, que je Je n'ai pas l'impression d'être reparti avec ma dette. Ensuite, un défaut de la qualité puritaine, que j'ai trouvé chez beaucoup de Néo-Angleterre, c'est que, volontairement ou involontairement, ils se proposent à vous comme exemple, ou sinon tout à fait, qu'ils s'entourent d'un subtil éther de une désapprobation potentielle, dans laquelle, au premier signe d'indignité de votre part, ils vous laissent impuissants haleter et périr ; ils ont bon cœur, et ils viendraient probablement à votre secours par humanité, s'ils savaient comment, mais ils ne savent pas comment. Hawthorne n'avait rien de tout cela ; il n'était pas plus tacitement qu'explicitement didactique. Je le trouvais aussi parfaitement en accord avec ses romans que le docteur Holmes l'avait semblé avec ses essais et ses poèmes, et je le rencontrai comme j'avais rencontré l'autocrate à l'heure suprême de sa renommée. Il venait de donner au monde la dernière de ces œuvres incomparables qu'il devait achever de ses mains ; le « Faune de marbre » avait dignement suivi, à un intervalle un peu plus long que d'habitude, le « Romance de Blithedale », la « Maison aux sept pignons » et la « Lettre écarlate », et avait peut-être porté son nom plus haut que tous les autres. repos, et certainement plus loin. Tout le monde le lisait et déplorait plus ou moins sa fin indéfinie, mais lui rendait cet honneur et cet éloge qu'un écrivain ne peut espérer qu'une fois dans sa vie. Personne n'imaginait que désormais seuls de précieux fragments, des esquisses plus ou moins hésitantes, quoique toutes empreintes de la touche divine, viendraient enrichir encore un héritage qui, en son genre, est le plus beau que l'humanité ait reçu d'un esprit. Comme je l'ai dit, nous trouvons toujours de nouveaux Hawthornes , mais l'illusion s'efface vite, et alors nous nous apercevons qu'il ne s'agissait pas du tout de Hawthornes ; qu'il avait une différence particulière avec eux, qui, peu à peu, nous conviendrons sans doute qu'elle doit être à jamais sa différence avec tous les hommes.

Je suis douloureusement conscient de ne pas avoir évoqué devant le lecteur l'image de cet homme telle qu'elle est toujours restée dans ma mémoire, et j'éprouve une sorte de honte de mon échec. Il était si simple qu'il semblait que ce serait facile de le faire ; mais peut-être qu'un esprit venu de l'autre monde serait aussi simple, et pourtant, pas plus qu'Hawthorne, il ne discuterait ou ne consentirait à être dessiné. En fait, il se fondait toujours plus ou moins dans l'ombre, qui devait, en quelques années, se refermer entièrement sur lui ; il n'y avait rien d'étrange en sa présence, il n'y avait rien même de réticent, mais il avait cette qualité d'apparition de certains grands esprits qui maintenait Shakespeare largement inconnu de ceux qui se considéraient comme ses intimes, et qui lui a finalement laissé une sorte de doute. Il n'y avait rien de taquin ou de volontairement insaisissable dans l'impalpabilité de Hawthorne, comme je l'ai ressenti plus tard chez Thoreau ; s'il n'était pas là à votre contact, ce n'était pas sa faute ; c'était parce que votre toucher était ennuyeux et que vous vouliez utiliser le contact avec de telles natures. La main traverse le fantôme véridique sans sentir sa présence, mais le fantôme n'en est pas moins véridique.

XVI.

J'ai réservé la soirée du jour où j'ai rencontré Hawthorne entièrement pour ses pensées, ou plutôt pour cette réverbération qui persiste dans les jeunes sensibilités après une rencontre importante. Cela a dû être le lendemain matin que je suis allé chercher Thoreau, et j'ai vaguement conscience d'avoir fait un ou deux échecs pour le retrouver, si jamais je l'ai vraiment trouvé.

C'est un auteur tombé dans cette suspension, attendant tous les auteurs, grands ou petits, à un moment ou à un autre ; mais je pense que chez lui, au moins en ce qui concerne son livre le plus important, cela ne peut être que transitoire. Je n'ai pas lu l'histoire de son ermitage près de Walden Pond depuis 1858, mais j'ai l'impression que si je devais l'aborder maintenant, je considérerais qu'il s'agit d'une conception du monde plus sage et plus vraie que je ne le pensais alors. Ce n'est pas une solution au problème ; les hommes ne vont pas répondre à l'énigme de la terre douloureuse en construisant eux-mêmes des cabanes, en vivant de haricots et en regardant des combats de fourmis ; mais je ne crois pas que Tolstoï lui-même ait montré plus clairement que Thoreau dans ce livre le vide, le désespoir, l'indignité de la vie du monde. S'il était écrit récemment, il ne pourrait manquer d'être accepté par une acceptation bien plus vaste qu'à l'époque où, à ceux qui pensaient et ressentaient sérieusement, il semblait que si seulement l'esclavage pouvait être contrôlé, tout le reste viendrait d'eux-mêmes pour nous. L'esclavage a non seulement été contrôlé, mais il a été détruit, et pourtant les choses n'ont pas commencé à s'arranger pour nous ; mais il était dans l'ordre de la Providence que l'esclavage mobilier cesse avant l'esclavage industriel, et que la vanité et le luxe infiniment plus cruels et plus stupides qui en résultent soient attaqués. S'il y avait alors une quelconque prévision de la lutte à venir, les voyants détournaient les yeux et s'efforçaient seulement de faire face au moins de mal. Thoreau lui-même, qui avait une vision si claire de la fausseté et de la folie de la société telle que nous l'avons encore, se jeta dans la marée qui était déjà, au Kansas et en Virginie, rougie par la guerre ; il a aidé et encouragé le raid de John Brown, je ne me souviens pas dans quelle mesure ni de quelle manière ; et il avait souffert en prison pour ses opinions et ses actions. C'était son héroïsme inévitable qui, plus que sa littérature même, me faisait désirer le voir et le vénérer ; et je ne crois pas que j'aurais trouvé la vénération difficile, quand enfin je l'ai rencontré dans sa personne insuffisante, s'il avait autrement été présent à mon ardente attente. Il entra dans la pièce sous la forme d'un homme pittoresque et trapu, dont l'effet de long tronc et de membres courts était renforcé par son pantalon sans mode étant trop bas. Il avait un visage noble, des cheveux ébouriffés, un œil éperdu et une belle aquilinité de profil qui me faisait penser à la fois à Don Quichotte et à Cervantès ; mais son nez n'a pas réussi à ajouter ce pied à sa stature, ce que Lamb dit qu'un nez de cette forme donnera toujours à un homme. Il essaya de me situer géographiquement après m'avoir donné une chaise pas aussi loin que l'Ohio, mais toujours à travers toute la pièce, car il était assis contre un mur et moi contre l'autre ; mais apparemment, il n'a pas réussi à sortir de sa rêverie par cet effort, car il est resté dans une muse rêveuse, que toutes mes tentatives pour dire quelque chose d'approprié sur John Brown et Walden Pond ne semblaient que l'approfondir. Je n'ai aucun doute sur le fait que j'ai été inutile et sans valeur dans les deux cas, et que ce que j'ai dit n'aurait pas pu susciter une réponse importante ; mais j'ai fait de mon mieux et j'ai été terriblement déçu du résultat. La vérité est qu'à cette époque j'étais un jeune concret, impuissant, et toutes les formes de l'abstrait, du aérien, m'affligeaient comme des inconforts physiques. Je ne me souviens pas que Thoreau ait parlé de ses livres ou de lui-même, et quand il a commencé à parler de John Brown, ce n'était pas le vieil homme chaleureux, palpable, aimant et craintif de ma conception, mais une sorte de type de John Brown. , un idéal de John Brown, un principe de John Brown, que nous devions en quelque sorte (avec de longues pauses entre les phrases vagues et orphiques) chérir et dont nous nous nourririons.

Ce n'était pas simplement une défaite de mes espoirs, c'était une déroute, et je me sentais si dispersé dans le champ de la pensée que je pouvais à peine rassembler mes forces pour battre en retraite. J'ai dû faire un effort, assez vain et insensé, pour rematérialiser mon ancien demi-dieu, mais quand je suis reparti, c'était avec le sentiment qu'il ne restait plus grand-chose de John Brown que de moi. Son corps ne moisissait pas dans la tombe, et son âme ne marchait pas non plus ; son idéal, son type, son principe existaient seuls, et je ne savais qu'en faire. Je ne blâme pas Thoreau ; ses paroles s'adressaient à un bien autre entendement que le mien, et ce serait mon malheur si je ne pouvais en profiter. Je pense, ou j'ose espérer, que je pourrais mieux en profiter maintenant ; mais dans ce disque, j'essaie honnêtement de rendre compte de leur effet avec le genre de jeunesse que j'étais alors.

XVII.

Tel que j'étais, je m'étonne plutôt d'avoir eu le courage, après cette expérience de Thoreau, de présenter à Emerson la carte que Hawthorne m'avait donnée. Mais j'ai dû aller le voir immédiatement, car je ne distingue aucun intervalle de temps entre ma visite au disciple et ma visite au maître. Je pense que c'est

Emerson lui-même qui m'a ouvert sa porte, car j'ai une vision du bel homme debout sur son seuil, la carte à la main, et me regardant avec une vague sérénité, pendant que j'attendais. un moment sur le pas de la porte en dessous de lui. Il devait alors avoir environ soixante ans, mais je ne me souviens de rien de son âge, bien que je l'aie traité de vieil homme. Ses cheveux, j'en suis sûr, étaient encore entièrement noirs, et son visage avait une sorte de jeunesse de marbre, ciselée à une intelligence délicate par la pensée la plus élevée et la plus noble qu'un homme ait jamais faite. Il y avait un charme étrange dans les yeux d'Emerson, que je ressentais alors et toujours, quelque chose comme celui que j'ai vu dans ceux de Lincoln, mais plus timide, mais plus doux et moins triste. Son sourire était le plus doux que j'aie jamais vu, et le contour du masque et la ligne du profil s'accordaient avec cette douceur incomparable de la bouche, à la fois grave et surannée, même si surannée n'est pas tout à fait le mot non plus. , mais subtilement, pas méchamment, ce qui, encore une fois, n'est pas le mot.

Ce fut sa grande chance d'avoir été en grande partie incompris et d'avoir atteint l'intelligence dense de ses semblables après toute une vie d'appels parfaitement simples et lucides, et son visage exprimait la patience et l'indulgence d'un homme sage content d'attendre que son temps. Il serait difficile de persuader les gens aujourd'hui qu'Emerson représentait autrefois dans l'esprit populaire tout ce qui était le plus désespérément impossible et que, d'une certaine manière, il était une plaisanterie nationale, le type de l'incompréhensible, le mot d'ordre du pauvre paragrapheur. Il avait peut-être quelque peu désabusé la communauté en se présentant çà et là comme un conférencier et en parlant face à face avec les hommes dans des termes qu'ils ne pouvaient refuser de trouver aussi clairs que sages ; il était de plus en plus lu, par certaines personnes, ici et là ; mais nous sommes encore si loin derrière lui dans la portée de sa vision lointaine qu'il n'est pas étonnant que vingt ans avant sa mort, il ait été l'homme le plus incompris d'Amérique. Pourtant, dans ce crépuscule où il vivait, il occupait une place importante dans l'imagination ; les esprits qui ne parvenaient pas à le concevoir étaient encore conscients de sa grandeur. Je n'avais moi-même pas beaucoup lu de lui, mais je connaissais les essais qu'il publiait dans l'Atlantique, et je connaissais certains de ses poèmes, bien que peu nombreux ; pourtant j'avais le sentiment qu'il était en quelque sorte, au-delà de mes connaissances, une présence de force, de beauté et de sagesse, sans compagnon dans notre littérature. Il s'était récemment baissé de ses hauteurs éthérées pour prendre part à la bataille de l'humanité, et je suppose que si la vérité était dite, il était plus à ma jeune ferveur parce qu'il avait dit que John Brown avait rendu la potence glorieuse comme la croix, que parce qu'il avait prononcé toutes ces choses plus vraies et plus sages qui, dans cent ans encore, guideront la pensée du monde.

Je ne sais pas exactement de quelle manière il m'a accueilli, mais je sais qu'il était assis avec lui dans son bureau ou sa bibliothèque et qu'il parlait actuellement de Hawthorne, que j'ai probablement célébré du mieux que je pouvais et qu'il a loué pour son excellence personnelle et pour ses belles qualités de prochain. "Mais son dernier livre", ajouta-t-il pensivement, "n'est qu'une bouillie", et je compris que ce grand homme n'était pas mieux équipé pour juger une fiction artistique que les gens du sol qui criaient alors à la fin indéfinie du Marbre. Faune. Apparemment, il l'avait lu, comme eux, pour l'histoire, mais il me semble maintenant, si cela ne me semblait pas alors, qu'en ce qui concerne le problème du mal, le livre doit le laisser là où il l'a trouvé. . Cela est à jamais insoluble, et c'était plutôt de cela que de son peuple plus ou moins obscur que s'intéressait le romancier. Emerson avait, en fait, un sens défectueux quant à des morceaux spécifiques de littérature ; il louait de manière extravagante et au mauvais endroit, surtout parmi les choses nouvelles, et il ne voyait pas la valeur de beaucoup de ce qui était beau et précieux en dehors de la ligne de son imagination.

Il a commencé à me poser des questions sur l'Occident et sur un inconnu du Michigan ; qui lui avait envoyé des poèmes et qu'il semblait considérer comme très prometteur, bien qu'il n'ait apparemment pas tenu parole de faire de grandes choses. Je n'ai pas trouvé ce qu'Emerson avait à dire à propos de mon article très précis ou important, même s'il était assez aimable et juste assez quant à ce que l'Occident devrait faire en matière de littérature. Il trouvait dommage qu'un périodique littéraire récemment lancé à Cincinnati fasse appel aux contributions de l'Est, au lieu de s'appuyer sur les écrivains plus proches de chez lui ; et il écouta avec toute la patience qu'il pouvait mon humble opinion selon laquelle nous n'avions pas d'écrivains plus près de chez nous. Je n'ai jamais été de ces Occidentaux qui croyaient que l'Occident était tenu à l'écart de la littérature par la jalousie de l'Orient, et j'ai essayé d'expliquer pourquoi nous n'avions pas les hommes pour écrire ce magazine en entier dans l'Ohio. Il prétendait que l'homme du Michigan était quelqu'un qui, seul, pouvait faire beaucoup pour le remplir dignement, et je dois encore une fois dire que je n'avais jamais entendu parler de lui.

Je me sentais plutôt coupable de mon ignorance, et j'avais l'impression que cela ne me félicitait pas, mais heureusement, à ce moment-là, M. Emerson fut appelé à dîner et il me demanda de l'accompagner. Après le dîner, nous nous promenâmes un peu dans son « jardin plissé », puis nous revînmes dans sa bibliothèque, où je comptais m'attarder seulement jusqu'à ce que je puisse convenablement m'éloigner. Il m'a interrogé sur ce que j'avais vu de Concord et sur qui, outre Hawthorne, j'avais rencontré, et quand je lui ai dit seulement Thoreau, il m'a demandé si je connaissais les poèmes de M. William Ellery Channing. Je les ai connus depuis, et j'ai senti leur qualité, dont j'ai volontiers possédé une poésie authentique et originale ; mais je répondis alors avec vérité que je ne les connaissais que grâce aux critiques de Poe : des choses cruelles et malveillantes dont j'aurais honte de jouir comme autrefois.

"De quelles critiques ?" » demanda Emerson.

"Poe's", répétai-je.

"Oh," s'écria-t-il au bout d'un moment, comme s'il revenait d'une recherche lointaine de ce que je voulais dire, "tu veux dire le jingle-man !"

Je ne sais pas pourquoi cela m'aurait plongé dans une telle confusion, mais si j'avais rédigé moi-même ces critiques , je ne pense pas que j'aurais pu être plus déconcerté. Peut-être ai-je ressenti une pointe de réprimande, de réprimande, dans une caractérisation de Poe avec laquelle le monde ne sera guère d'accord ; bien que je ne sois pas d'accord avec le monde qui l'entoure, moi-même, dans son admiration. En tout cas, cela a mis fin à ma vie pour le moment, et je suis resté comme déjà absent, tandis qu'Emerson m'interrogeait sur ce que j'avais écrit dans l'Atlantic Monthly. Il n'avait évidemment lu aucune de mes contributions, car il les regardait, dans le volume relié de la revue qu'il descendait, avec l'effet de leur être totalement étranger, puis apposait gravement mes initiales sur chacune d'elles. Il me suivit jusqu'à la porte, parlant toujours de poésie, et, en me prenant assez gentiment congé, il me dit qu'on pourrait très bien y consacrer une heure agréable de temps en temps.

Une heure agréable à la poésie ! J'avais l'intention de donner tout le temps et toute l'éternité à la poésie, et je n'aurais nullement souhaité y trouver du plaisir ; J'aurais dû penser qu'il s'agissait d'une preuve d'une qualité inférieure de l'ouvrage ; J'aurais préféré l'inquiétude, l'angoisse même, au plaisir. Mais si Emerson pensait, d'après le regard qu'il jetait sur mes vers, que je ferais mieux de ne pas me consacrer à ce genre de choses, à moins que je sois bien plus présent que ce que j'aurais pu laisser apparaître lors de notre rencontre, il avait sans aucun doute raison. Je n'étais que trop douloureusement conscient de mon défaut, mais je sentais qu'il était de plus courte durée qu'il n'aurait dû l'être. D'une manière ou d'une autre, je n'avais pas prospéré lors de ma visite à Emerson comme je l'avais fait avec Hawthorne, et je suis reparti en me demandant dans quelle sorte d'erreur j'avais commis une erreur. Je n'étais pas un jeune avant -gardiste et je ne pouvais me reprocher quoi que ce soit dans mes approches qui méritait d'être retenu ; en effet, je n'ai fait aucune démarche ; mais comme je devais me blâmer pour quelque chose, je me rendis compte que, dans ma retraite confuse loin de la présence d'Emerson, j'avais échoué sur un certain point de cérémonie, et j'ai amplifié cela pour en faire une offense d'une importance capitale. Je rentrai à mon hôtel et passai l'après-midi dans une pure misère. J'ai eu des moments de questions folles lorsque je me demandais s'il valait mieux revenir en arrière et reconnaître mon erreur, ou s'il valait mieux lui écrire une note et essayer de me redresser de cette façon. Mais en fin de compte , je n'ai fait ni l'un ni l'autre, et j'ai depuis survécu à ma honte mortelle pendant quarante ans ou plus. Mais à ce moment-là, il ne me semblait pas possible que je puisse passer la journée avec cela, et je pensais que je devrais au moins aller l'avouer à Hawthorne, et le laisser renier le misérable qui avait si mal récompensé la bonté de son introduction par une telle mauvaise conduite. Je me suis effectivement promené au bord du chemin, dans la fraîcheur du soir, et c'est là que j'ai vu Hawthorne pour la dernière fois. Il était assis sur une des poutres à côté de sa chaumière et fumait d'un air calme et amical. Je m'entendais très bien avec lui et j'avais très envie d'entrer et de lui dire à quel point je m'entendais mal avec Emerson ; Je croyais que même s'il me rejetait, il me comprendrait et verrait peut-être un espoir pour moi dans un autre monde, même s'il ne pouvait y en avoir aucun dans celui-ci.

Mais je n'ai eu le courage de parler de cette affaire qu'à Fields, à qui j'ai ouvert mon cœur à mon retour à Boston, et il m'a interrogé sur mes aventures à Concord. À ce moment-là, je pouvais le voir sous un jour humoristique, et cela ne me dérangeait pas beaucoup qu'il s'allonge sur sa chaise et rit et rigole, jusqu'à ce que je pense qu'il allait en sortir. Il concevait parfaitement la situation et en tirait un amusement que je ne pouvais obtenir que par sympathie pour lui. Mais j'ai pensé que c'était un moment favorable pour me proposer comme rédacteur adjoint de l'Atlantic Monthly, ce que j'avais la conviction que je pourrais très bien devenir, avec un avantage pour moi, sinon pour le magazine. Il semblait le penser aussi ; il dit que si la place n'avait pas été remplie, je l'aurais certainement eu ; et c'est au souvenir de ma prompte ambition que je suppose que je dois ma succession à une vacance similaire quatre ans plus tard. Il était d'une gentillesse charmante ; il entra avec le plus doux intérêt dans l'histoire de ma vie économique, déjà pleine de changements et de hasards. Mais quand je lui dis très sérieusement que maintenant j'étais fatigué de ces hasards et que j'aimerais m'installer dans quelque chose, il me demanda avec des yeux dansants :

"Pourquoi, quel âge as-tu ?"

"J'ai vingt-trois ans", répondis-je, puis la crise de rire le reprit.

"Eh bien," dit-il, "on commence jeune, là-bas !"

Dans mon cœur, je ne pensais pas que vingt-trois ans était si jeune, mais peut-être que c'était le cas ; et si quelqu'un disait que j'avais dépeint ici un jeune dont les objectifs étaient certainement au-delà de ses réalisations, qui était morbidement sensible, et s'il n'était pas vaniteux, était intolérablement conscient, qui avait rencontré une gentillesse incroyable et n'avait pas souffert plus que ce qu'il était. Tant mieux pour lui, même s'il n'aurait peut-être pas mérité sa douleur pas plus que sa joie, je ne sais pas si je devrais le contredire, car je ne suis pas du tout sûr de ne pas avoir été ce genre de jeune lorsque j'ai rendu ma première visite. en Nouvelle-Angleterre.

PREMIÈRES IMPRESSIONS DU NEW YORK LITTERAIRE

C'est par bateau que je suis arrivé de Boston, un matin d'août 1860, qui était probablement de la même qualité qu'un matin d'août 1900. À cette époque-là, je ne me souciais pas beaucoup du temps ; il faisait chaud ou il faisait froid, il faisait humide ou il faisait sec, mais ce n'était pas mon affaire ; et je suppose que j'ai étouffé dans cette ville étrange, sans ressentir quoi que ce soit de très personnel dans la température, jusqu'à la tombée de la nuit. Ce dont je me souviens, c'est d'avoir été en haut d'un hôtel depuis longtemps abandonné, écoutant dans l'obscurité de l'été, une fois la longue journée terminée, le rugissement des omnibus du Niagara dont la marée a ensuite balayé Broadway d'un trottoir à l'autre, sur tous les kilomètres de sa longueur. A cette heure-là, les autres bruits de la ville étaient apaisés, ou perdus dans ce volume sonore plus vaste, qui semblait remplir toute la nuit. Ce fut une solennité que le voyageur moderne à New York aura peine à imaginer, car cette marée d'omnibus s'est depuis longtemps refluée et a laissé l'air aux discordes stridentes des trains aériens et à l'alarme irrégulière des gongs des wagons à poignée. qui ne se mélangent à aucun tonnerre aussi harmonieux que celui qui s'élevait du cortège de ces lourds et innombrables fourgons. Il y avait une sorte de calme intérieur dans ce son, et quand je le voulais , je m'y endormais et je m'y réveillais le matin rafraîchi et renforcé pour explorer la situation littéraire dans la métropole.

JE.

Non pas que je pense avoir laissé cela au deuxième jour. Très probablement, je n'ai pas perdu de temps pour me rendre au bureau de la Presse du samedi, dès que j'ai pris mon petit-déjeuner après mon arrivée, et j'ai la vague impression d'anticiper les premiers bohémiens, dont la gaie théorie de la vie les obligeait à un bon voyage. beaucoup de difficultés à se coucher tôt le matin et à se lever tard dans la journée. Si c'était le garçon de bureau qui me tenait compagnie pendant la première heure de ma visite, peu à peu les rédacteurs et les collaborateurs commençaient à arriver. Je ne serais pas très précis à leur sujet si je le pouvais, car depuis cette Bohême a disparu de la carte de la république des lettres, il est devenu de plus en plus difficile de faire remonter sa citoyenneté à un certain écrivain. Il y a des vivants qui ont connu les Bohémiens et les ont même aimés, mais il y en a de moins en moins qui en ont été, même dans le rétrospectif affectueux des folies et des erreurs de jeunesse. Ce n'était en fait qu'une colonie maladive, transplantée sur l'asphalte mère de Paris, et ne prenant jamais vraiment racine dans les trottoirs de New York ; c'était une colonie d'idées, de théories, qui n'avaient peut-être jamais eu de racines profondes nulle part. Ce qu'étaient ces idées, ces théories dans l'art et dans la vie, il ne serait pas très facile de le dire ; mais dans la presse du samedi, ils en vinrent à s'exprimer violemment, pour ne pas dire à exploser, contre toutes les formes existantes de respectabilité. Si la respectabilité était votre « bête noire », alors vous étiez un bohème ; et si vous aviez l'habitude de vous rendre en prose, alors vous déchiquetez nécessairement votre prose en très fins paragraphes d'une phrase chacun, ou de très peu de mots, ou même d' un seul mot. Je crois que cette mode a prévalu jusqu'à tout récemment chez certains critiques dramatiques, qui pensaient qu'elle donnait au style une qualité d'épigramme ; et je suppose qu'il a été emprunté aux moments les plus spasmodiques de Victor Hugo par le rédacteur en chef de la Presse. Il l'avait rapporté avec lui en revenant d'un de ces séjours à Paris qui possèdent plutôt l' accent français que la langue française ; J'ai longtemps voulu écrire de cette façon moi-même, mais je n'en ai pas eu le courage.

Cet éditeur était un homme d'un cynisme si ouvert et si avoué qu'il était peut-être, pour autant que je sache, un bon optimiste dans l'âme ; Certains disent cependant qu'il s'était vraiment persuadé d'être ce qu'il semblait être. Je sais seulement que son discours, le premier jour où je l'ai vu, était de telle sorte que s'il avait été à moitié aussi mauvais, il aurait été trop mauvais pour l'être. Il se promenait dans sa chambre en disant quelles choses horribles il ferait directement si quelqu'un l'accusait de respectabilité, afin de pouvoir désabuser l'esprit de tous les témoins. Il y avait quatre ou cinq de ses assistants et collaborateurs qui écoutaient les terribles menaces, qui ne trompaient même pas une aussi grande innocence que la mienne, mais je ne sais pas s'ils trouvaient cela aussi triste que moi. Ils éprouvaient probablement pour lui une fascination que je ne pouvais renier, malgré mon dégoût intérieur ; et ils étaient en même temps attentifs à l'effet de ses paroles avec quelqu'un qui était avoué fraîchement arrivé de Boston, et était plein de joie pour les gens qu'il y avait vus. Selon lui, c'était une preuve de l'infériorité de Boston que si vous traversiez Washington Street, une demi-douzaine d'hommes dans la foule sauraient que vous êtes Holmes, ou Lowell, ou Longfellow, ou Wendell Phillips ; mais à Broadway, personne ne saurait qui vous êtes, ni ne se soucierait de son moindre blasphème. Depuis, j'ai entendu plus d'une fois parler de cela comme d'un avantage indéniable de New York pour l'habitant esthétique, mais je ne suis pas encore sûr qu'il en soit ainsi. La célébrité méconnue a probablement l'esprit tout aussi préoccupé que si quelqu'un l'avait signalé, et autrement je ne peux pas penser que le sentiment de voisinage soit une si mauvaise chose pour l'artiste, sous quelque forme que ce soit. Cela implique le sens des responsabilités, qui ne peut être ni trop constant ni trop vif. S'il se rétrécit, il s'approfondit ; et c'est peut-être le secret de Boston.

II.

Il ne serait pas facile de dire pourquoi le groupe bohémien représentait à mon imagination la littérature new-yorkaise ; car j'associais certainement d'autres noms à son meilleur ouvrage, mais peut-être était-ce parce que j'avais moi-même écrit pour le Saturday Press et que j'en étais fier, et peut-être était-ce parce que ce journal incarnait réellement la nouvelle vie littéraire de la ville. C'était un homme intelligent et plein d'esprit qui s'attaque à tout. Il s'attaquait à toutes les impostures littéraires, sauf la sienne, et se faisait sentir et craindre. Les jeunes écrivains de tout le pays avaient l'ambition d'y figurer et ils y ont donné le meilleur d'eux-mêmes ; ils donnèrent littéralement, car la Presse du Samedi ne paya jamais que des espoirs de paiement, plus vagues même que des promesses. Il n'est pas exagéré de dire qu'il valait à peu près aussi bien être accepté par la presse que d'être accepté par l'Atlantique, et pour l'époque il n'y avait pas d'autre comparaison littéraire. Y participer, c'était être en compagnie de Fitz James O'Brien, Fitzhugh Ludlow, M. Aldrich, M. Stedman et de tous ceux qui étaient les plus vivants en prose ou les plus beaux en vers ce jour-là à New York. C'était un pouvoir, et même s'il est vrai que, comme le disait Henry Giles, « l'homme ne peut pas vivre uniquement grâce à la tortue serpentine », la Presse était une très bonne tortue serpentine. Ou plutôt, cela semblait être le cas à ce moment-là ; J'aurais presque peur de le tester maintenant, car je n'aime plus autant la tortue serpentine qu'avant, et mon goût est devenu plus agréable et je veux ma tortue serpentine du meilleur. Ce qui est sûr, c'est que je me suis rendu au bureau du Saturday Press à New York avec à peu près le même sentiment que j'avais ressenti en me rendant au bureau de l'Atlantic Monthly à Boston, mais j'en suis reparti avec un sentiment très différent. J'y avais trouvé une amertume contre Boston aussi grande que contre la respectabilité, et comme Boston devenait alors rapidement mon deuxième pays, je ne pouvais pas me joindre au mépris que pensaient et disaient d'elle les Bohémiens. J'imaginais une conspiration entre eux pour choquer le pèlerin littéraire et minimiser les précieuses émotions qu'il avait éprouvées en visitant d'autres sanctuaires ; mais je n'y trouvai aucun mal, car je savais à quel point il y avait de quoi être choqué, et je pensais savoir mieux qu'elles apprécier certaines choses de l'âme. Pourtant, lorsque leur chef m'a demandé comment je m'entendais avec Hawthorne, et j'ai commencé à dire qu'il était très timide et que j'étais plutôt timide, et le roi de Bohème a sorti sa pipe pour m'interpeller avec "Oh, quelques des escrocs !" et les autres ont ri, j'ai été honteux autant qu'ils auraient pu souhaiter, et je n'ai été restauré à moi-même que lorsque l'un d'eux a dit que la pensée de Boston le rendait aussi laid que le péché ; puis j'ai recommencé à espérer que les hommes qui se prenaient autant au sérieux n'auraient pas besoin d'être pris très au sérieux par moi.

En fait, j'avais déjà entendu des choses presque aussi désespérément cyniques dans d'autres bureaux de journaux, et je ne voyais pas ce qu'il y avait de si typiquement bohème dans ces « anime prave », ces âmes si sinistres par leur propre apparence. Mais apparemment, la Bohême n'était pas un État qu'on pouvait facilement imaginer d'après une seule rencontre, et comme mon séjour à New York devait être très court, je n'ai pas perdu de temps pour en apprendre davantage. Le soir même, je suis allé à la cave à bière, autrefois très loin sur Broadway, où j'ai appris que les nuits bohèmes étaient fumées et bues. On racontait, jusqu'à l'Ohio, que la reine de Bohême venait quelquefois chez Pfaff : une jeune fille douée pour les lettres, dont le nom ou le pseudonyme s'était fait assez connaître à cette époque, et dont le sort, pathétique à l'époque, de tous les temps, a surpassé presque toutes les autres tragédies de l'histoire des lettres. Elle fut prise d'hydrophobie à la suite de la morsure de son chien, dans un train ; et fit un long voyage de retour dans les paroxysmes de cette maladie atroce, qui se termina par sa mort après son arrivée à New York. Mais c'était après la fin de son règne, et aucune ombre noire de ce genre n'était projetée sur celui de Pfaff, dont le nom figurait souvent dans les vers et la prose épigrammatique du « Saturday Press ». Je sentais qu'en tant que contributeur et au moins breveté bohème, je ne devais pas rentrer chez moi sans visiter le célèbre lieu et être témoin si je ne pouvais pas partager les réjouissances de mes camarades. Comme je ne buvais ni ne fumais de bière, ma part à la carrousel se limitait à une crêpe allemande, que je trouvais très bonne chez Pfaff, et à écouter les paroles tourbillonnantes de mes commensaux, à la longue planche dressée pour les bohémiens dans un espace caverneux sous le trottoir. Il y avait des écrivains pour le « Saturday Press » et pour Vanity Fair (un journal, espérons-le, comique de l'époque), et certains des artistes qui dessinaient pour les périodiques illustrés. Il ne me reste rien de leur conversation, mais l'impression demeure que ce n'était pas une aussi bonne conversation que celle que j'avais entendue à Boston. A un moment de l'orgie, qui n'allait que lentement pour une orgie, nous fûmes rejoints par quelques bohémiens attardés dont les autres faisaient de grandes clameurs ; On me fit entendre qu'ils sortaient tout juste d'une effroyable débauche ; leurs cheveux étaient encore humides des serviettes mouillées utilisées pour les restaurer, et leurs yeux étaient très frénétiques. Je fus présenté à ces types, qui ne disaient ni ne faisaient rien qui soit digne de leur horrible apparence, mais se laissèrent s'asseoir à table et mangèrent le souper avec un appétit qui semblait faible. Je restai vainement espérant des choses pires jusqu'à onze heures, puis je me levai et pris congé d'un état littéraire qui m'avait nettement déçu. Je ne dis pas que ce n'était peut-être pas plus méchant et plus spirituel que je ne l'ai trouvé ; Je rapporte seulement ce que j'ai vu et entendu en Bohême lors de ma première visite à New York, et je sais que ma connaissance n'était pas exhaustive. Quand je suis arrivé l'année suivante, la Presse du samedi n'existait plus, et le rédacteur en chef et ses collaborateurs n'avaient plus de centre commun . Le meilleur des jeunes gens que j'y rencontrai m'avoua, dans un agréable échange de lettres que nous eûmes ensuite, qu'il trouvait la pose vaine et inutile ; et lorsque la presse fut relancée, après la guerre, elle ne présentait plus aucune des vieilles caractéristiques bohémiennes, sauf celle de ne pas payer le matériel. Cela ne pouvait pas durer longtemps dans ces conditions, et de nouveau il est décédé, et attend toujours sa seconde palingénésie.

L'éditeur est également décédé peu de temps après, et ce qu'il avait inspiré a complètement cessé d'exister. C'était un homme d'une certaine puissance sardonique, et il l'utilisait avec une certaine férocité et liberté, avec une joie probablement plus apparente que réelle dans la douleur qu'elle provoquait. Lors de ma dernière connaissance de lui, il était beaucoup plus doux que lorsque je l'ai connu pour la première fois, et j'ai le sentiment que lui aussi en est venu à admettre avant de mourir que l'homme ne peut pas vivre uniquement de tortue serpentine. Il était bon envers certains talents négligés et se liait avec eux avec une vigueur et un zèle qu'il eût été le dernier à vous laisser qualifier de généreux. Le principal d'entre eux était Walt Whitman, qui, lorsque le Saturday Press s'en est emparé, avait une cause aussi désespérée auprès des critiques des deux côtés de l'océan que n'importe quel homme pouvait en avoir. Ce ne fut que longtemps après que ses admirateurs anglais commencèrent à le découvrir et à faire à ses compatriotes de bruyants reproches de l'ignorer ; ils étaient complètement dans l'ignorance à son sujet lorsque la Presse du Samedi, qui était d'abord son ami, et les jeunes gens que la Presse rassemblait autour d'elle, lui firent leur culte. Sans aucun doute, il était plus apprécié parce qu'il était si offensant à certains égards qu'il ne l'aurait été s'il n'avait été aucunement offensant, mais il n'en reste pas moins qu'ils le célébraient autant que cela était bon pour eux. Il était souvent chez Pfaff avec eux, et le soir de ma visite, il fut le fait principal de mon expérience. Je ne savais pas qu'il était là avant de sortir, car il n'était pas assis à la table sous le trottoir, mais à la tête d'une autre table plus loin dans la pièce. Là, alors que je passais, un ami m'a arrêté et m'a nommé, et je me souviens comment il s'est penché en arrière sur sa chaise et m'a tendu sa grande main, comme s'il allait me la donner pour de bon et pour tout. . Il avait une belle tête, avec une nuée de cheveux joviennes dessus, une barbe et une moustache ramifiées, et des yeux doux qui regardaient les miens avec beaucoup de bonté, et semblaient souhaiter l'affection que je lui donnai immédiatement, bien que nous ayons à peine échangé un mot. , et notre connaissance se résumait dans ce regard et dans la prise de son puissant poing sur ma main. Je doute qu'il ait eu la moindre idée de qui ou de ce que j'étais au-delà du fait que j'étais un jeune poète, mais il se souvient peut-être d'avoir vu mon nom imprimé après des vers très heinesques dans la presse. Je ne l'ai pas revu pendant vingt ans, puis je n'ai eu qu'un moment avec lui alors qu'il lisait les épreuves de ses poèmes à Boston. Quelques années plus tard, je l'ai revu pour la dernière fois, un jour après sa conférence sur Lincoln, dans cette ville, alors qu'il descendait de l'estrade pour parler avec quelques amis qui se serraient la main et qui se rassemblaient autour de lui. Alors et toujours, il m'a donné le sentiment d'une âme douce et vraie, et j'ai ressenti en lui une dignité spirituelle que je n'essaierai pas de concilier avec le fait qu'il ait imprimé au début de son livre un passage d'une lettre privée d'Emerson, même si je Je crois qu'il n'aurait pas vu une telle chose comme la plupart des autres hommes, ni pensé du mal d'un autre. La pureté spirituelle que j'ai ressentie en lui non moins que la dignité est quelque chose que je ne chercherai plus à concilier avec ce qui la nie dans sa page ; mais nous pouvons très bien laisser de telles choses à l'ajustement de balances plus fines que celles dont nous disposons. Je ne veillerai qu'à la plus grande bienveillance en présence de l'homme. L'apôtre du rude, du grossier, était la personne la plus douce ; son bâillement barbare, traduit en termes de rencontre sociale, était un discours d'un calme singulier, prononcé d'une voix d'amitié gagnante et attachante.

Quant à son œuvre elle-même, je suppose que je ne la considère pas aussi précieuse en termes d'effet que d'intention. C'était une force libératrice, un très « anarch impérial » en littérature ; mais la liberté n'est jamais autre chose qu'un moyen, et ce que Whitman a réalisé était un moyen et non une fin, dans ce qu'il faut appeler son vers. J'aime sa prose, s'il y a une différence, bien mieux ; là, il est d'une qualité géniale et réconfortante, très riche et cordial, tel que je l'ai senti lorsque je l'ai rencontré en personne. Ses vers ne me semblent pas de la poésie, mais les matériaux de la poésie, comme les émotions ; mais je ne voudrais pas le méconnaître, et je suis heureux d'avouer que j'y ai eu des moments de grand plaisir. Un critique français cité dans le Saturday Press (je ne me souviens plus de son nom) a dit le meilleur de lui lorsqu'il a dit qu'il avait fait de vous un partenaire de l'entreprise, car c'est justement ce qu'il fait, et c'est ce qui aliène et ce qui vous l'aimez, selon que vous aimez ou n'aimez pas le partenariat. C'est toujours quelque chose de bon voisinage, de fraternel, de paternel, et c'est ce que j'ai ressenti lorsque le vieil homme bienveillant m'a regardé et m'a parlé.

III.

Cette nuit chez Pfaff a dû être pour moi la dernière des bohèmes, et c'était aussi la dernière de l'écriture new-yorkaise, pour l'époque. Je ne sais pas pourquoi je n'aurais pas imaginé essayer de voir Curtis, que je connaissais tant par cœur et que j'adorais, mais peut-être n'en ai-je pas eu le courage, ou j'ai peut-être entendu dire qu'il n'était pas en ville ; Bryant, je crois, était alors hors du pays ; mais en tout cas, je ne l'ai pas tenté non plus. Les Bohémiens étaient pour moi le début et la fin de l'histoire et, à vrai dire, je n'ai pas aimé l'histoire. Je me souviens que pendant que j'étais assis à cette table sous le trottoir, dans la cave à bière de Pfaff, et que j'écoutais l'esprit qui ne semblait pas très drôle, je pensais au dîner avec Lowell, au petit-déjeuner avec Fields, au dîner chez l'Autocrate, et j'ai senti que j'étais tombé très loin. En fait, il ne peut pas faire de mal, à cette distance, d'avouer qu'il me semblait alors, et pendant un bon moment après, qu'une personne qui avait vu les hommes et s'était fait dire devant lui les choses que j'avais eues à Boston, pouvait ne pas se garder trop soigneusement dans le coton ; et c'est ce que je fis tout l'hiver suivant, même si, bien sûr, c'était un secret entre moi et moi. J'ose dire que ce n'était pas la pire chose que j'aurais pu faire, à certains égards.

Mon séjour à New York ne pouvait pas être très long, et le reste fut principalement consacré à contempler les monuments de la ville depuis les fenêtres des omnibus et les quais des voitures à chevaux. Le monde était alors si simple qu'il n'y avait peut-être qu'une demi-douzaine de villes équipées de voitures à chevaux, et je voyageais dans ces véhicules à New York avec un enthousiasme intact, même après mes allers-retours entre Boston et Cambridge. Je n'ai pas la moindre idée de l'endroit où je suis allé ni de ce que j'ai vu, mais je suppose que c'était le long des horribles avenues est et ouest, alors ouvertes aux yeux dans toute la hideur maintenant en partie cachée par les routes surélevées, et que Je les ai trouvés très majestueux et beaux. En effet, New York était vraiment plus beau alors qu'il ne l'est aujourd'hui, quand il y a tant de plus belles pièces d'architecture, car à cette époque les gratte-ciel n'existaient pas encore, et il y avait une belle régularité dans les rues que ces masses brutes ont volées. toute forme. Il y avait beaucoup de saleté et de misère, mais il y avait infiniment plus de confort. La longue succession de rues transversales était pourtant pour l'essentiel à l'abri des affaires, après avoir dépassé Clinton Place ; le commerce commençait tout juste à se montrer à Union Square, et Madison Square était toujours la demeure des McFlimsies , dont les parents et les semblables vivaient en toute tranquillité dans les tronçons de grès brun de la Cinquième Avenue. Je m'efforçais de les imaginer à partir de la connaissance que m'avait donnée le poème de M. Butler, et de la connaissance que la douce satire des « Potiphar Papers » s'était répandue dans une communauté choquée par les excès de notre meilleure société ; ce n'était probablement pas aussi mauvais à l'époque que le meilleur aujourd'hui. Mais je ne pense pas en avoir fait grand cas, peut-être parce que la plupart des gens qui auraient dû se trouver dans ces belles demeures se trouvaient au bord de la mer et à la montagne.

Les montagnes que j'avais vues en descendant du Canada, mais pas le bord de mer, et il ne serait jamais bon de rentrer chez moi sans visiter une célèbre station d'été. J'ai dû m'arrêter sur Long Branch parce que j'ai dû en entendre parler comme étant alors le plus à la mode ; et un après-midi, j'ai pris le bateau pour cet endroit. Par ce moyen, non-seulement je vis pour la première fois des bains de mer, mais je vis une tempête en mer : une rafale nous frappa si subitement qu'elle emporta tous les tabourets de camp de la promenade avant ; c'était très excitant, et j'ai longtemps eu l'intention d'utiliser en littérature le mur noir de nuages qui se posait sur l'eau devant nous comme une sorte de minuit portable ; Je le jette maintenant sur le lecteur, pour ainsi dire ; cela n'arriverait jamais nulle part. Je suis resté toute la nuit à Long Branch et j'ai pris un bain le lendemain matin avant le petit-déjeuner : un bain extrêmement froid, avec une bouée de sauvetage pour me protéger du ressac. Dans ce rite, j'avais la compagnie d'un jeune New-Yorkais, que j'avais rencontré sur le bateau qui descendait, et qui était du genre commercial léger, plein d'espoir et aventureux qui semble particulier à la ville et qui m'a toujours attiré. Il m'a beaucoup parlé de sa vie, de la manière dont il vivait et de ce que cela lui coûtait de vivre. Il avait une grande chambre dans une pension à la mode et payait quatorze dollars par semaine. À Columbus, j'avais telle chambre dans telle maison, et j'en payais trois et demi, et je pensais que c'était une bonne affaire. Mais c'était l'époque d'avant la guerre, lorsque l'Amérique était le pays le moins cher du monde et que l'Occident était incroyablement bon marché.

Après une journée de splendeur solitaire sur cette scène de mode et de gaieté, je retournai à New York et pris le bateau pour Albany pour rentrer chez moi. Je constatai que je n'avais plus pour la nature et la nature humaine l'intérêt vif que j'avais éprouvé en partant en voyage, et je me dis que c'était parce que j'avais un esprit tellement encombré d'expériences et d'impressions qu'il ne pouvait plus en recevoir. ; et je suppose vraiment que si la phrase la plus heureuse s'était présentée à moi à certains moments, j'aurais à peine cherché autour de moi un paysage ou une figure qui puisse l'adapter. J'étais très heureux de retrouver ma chère petite ville de l'Ouest (je la trouvais bouillonnante sous un soleil d'août assez chaud pour avoir calciné la State House en calcaire), et à tous les amis que j'aimais tant.

IV.

Je fis ce que je pus pour me montrer indigne d'eux en refusant leurs invitations et en me livrant tout entier à la littérature pendant la première partie de l' hiver qui suivit ; et je n'ai réalisé mon erreur que lorsque les invitations ont cessé d'arriver, et je me suis retrouvé dans une solitude intellectuelle ininterrompue. Le pire, c'est qu'une Muse ingrate ne faisait pas grand-chose en échange des sacrifices que je lui faisais, et que les choses que j'écrivais maintenant n'étaient pas appréciées par les éditeurs auxquels je les envoyais. Le goût éditorial n'est pas toujours le critère du mérite, mais c'est le seul que nous ayons, et je ne dis pas que les rédacteurs se sont trompés dans mon cas. Il y avait alors très peu d'endroits où l'on pouvait commercialiser son travail : l'Atlantic à Boston et Harper's à New York étaient les magazines qui payaient, bien que le journal Independent achetait du matériel littéraire ; la Saturday Press l'a imprimé sans l'acheter, tout comme le vieux Knickerbocker Magazine, bien qu'il y ait eu une bonne volonté pécuniaire dans ces deux cas. Cet hiver-là, j'ai beaucoup travaillé sur une histoire que j'écrivais depuis longtemps et je l'ai finalement envoyée à l'Atlantic, qui avait publié cinq poèmes pour moi l'année précédente. Après quelques semaines, ou peut-être des mois, je l'ai récupéré avec une note disant que les éditeurs avaient moins regretté de le rendre parce qu'ils avaient vu que dans le numéro de mai du Knickerbocker le premier chapitre de l'histoire était paru. Puis je me suis souvenu que, des années auparavant, j'avais envoyé ce chapitre à cette revue, comme un croquis à imprimer par moi-même, et que j'avais ensuite continué l'histoire à partir de là. Je n'avais jamais entendu parler de son acceptation, et je supposais bien sûr qu'elle avait été rejetée ; mais lors de ma deuxième visite à New York, j'ai appelé au bureau de Knickerbocker, et un nouveau rédacteur, parmi ceux que le magazine avait toujours à l'époque de sa fortune défaillante, m'a dit qu'il avait trouvé mon croquis en fouillant dans un tonneau. des manuscrits de ses prédécesseurs, il les avait aimés et imprimés. Il m'a dit qu'il me fallait quinze dollars pour ce croquis, et pourrait-il m'envoyer l'argent ? J'ai dit qu'il se pourrait, même si je ne vois pas encore aujourd'hui pourquoi il ne me l'a pas donné sur-le-champ ; et il a fait une toute petite minute sur une très grande feuille de papier (vraiment comme Dick Swingler), et a promis que je l'aurais ce soir-là ; mais je partis le lendemain pour Liverpool sans cela. J'ai navigué sans argent pour certains vers que Vanity Fair m'avait achetés, mais je ne m'attendais guère à cela, car l'éditeur, qui était alors Artemus Ward, m'avait dit franchement en prenant mon discours que les ducats étaient rares à ce moment-là chez Vanity Fair. J'étais alors en route pour être consul à Venise, où je passai les quatre années suivantes dans une surveillance des corsaires confédérés qu'aucun d'eux ne surprit jamais. J'avais demandé le consulat à Munich, où j'espérais me plonger encore plus longtemps dans la poésie allemande, mais quand mon rendez-vous arriva, je découvris que c'était pour Rome. J'étais très heureux d'avoir rendu Rome à égalité ; mais les revenus du bureau étaient constitués d'honoraires, et j'ai pensé que je ferais mieux d'aller à Washington et de découvrir à combien s'élevaient ces honoraires. Les habitants de Colomb qui avaient voyagé à l'étranger disaient qu'avec cinq cents dollars on pouvait vivre à Rome comme un prince, mais j'en doutais ; et quand j'appris au Département d'État que les honoraires du consulat romain ne s'élevaient qu'à trois cents, je compris que je ne pourrais probablement pas vivre mieux qu'un baron, et je désespérai. L'aimable chef du bureau consulaire a déclaré que les secrétaires du président, M. John Nicolay et M. John Hay, étaient intéressés par ma nomination, et il m'a conseillé d'aller à la Maison Blanche et de les voir. Je n'ai pas perdu de temps pour le faire et j'ai appris qu'en tant que jeunes hommes occidentaux, ils s'intéressaient à moi parce que j'étais un jeune occidental qui avait fait quelque chose en littérature, et ils étaient prêts à m'aider pour cette raison, et pour aucune autre raison. que j'ai jamais connu. On me proposa d'aller à Venise ; le salaire était alors de sept cent cinquante, mais on croyait pouvoir le porter à mille. Finalement, ils l'ont porté à mille cinq cents, et je suis donc allé à Venise, où si je n'avais pas vécu comme un prince avec ce revenu, j'ai vécu bien plus comme un prince que je n'aurais pu le faire à Rome avec un revenu. un cinquième.

Si cette nomination n'était pas une fortune présente, ce fut le début de la meilleure chance que j'aie eue au monde, et je suis heureux de devoir tout cela à ces amis de mon vers, qui n'auraient pas pu être mes amis autrement. Ils commençaient alors très tôt des carrières distinguées qui n'ont pas été entièrement divisées. M. Nicolay aurait pu avoir environ vingt-cinq ans, et M. Hay dix-neuf ou vingt. Personne n'imaginait encore l'opportunité qui s'offrait à eux d'être si constamment près de l'homme dont ils ont écrit la vie et avec la renommée duquel ils ont impérissablement lié leurs noms. Je me souviens de la dignité sobre de l'un et de la gaieté humoristique de l'autre, et comment nous avions des jeunes gens plaisantant et riant ensemble, dans l'antichambre où ils me recevaient, avec la grande âme entrant dans son travail au-delà de la porte fermée. Ils m'ont demandé si j'avais jamais vu le président, et j'ai répondu que je l'avais vu à Columbus, l'année précédente ; mais je ne saurais dire combien j'aimerais le revoir et le remercier de la faveur à laquelle je n'avais aucun droit de sa part, sauf telle que l'on pouvait croire que la légère biographie de campagne que j'avais écrite m'avait accordée. Ce jour-là ou un autre, en quittant mes amis, je l'ai rencontré dans le couloir à l'extérieur, et il a regardé l'espace dont je faisais partie avec ses yeux ineffablement mélancoliques, sans savoir que j'étais la personne indiscernable dont "l'intégrité et les capacités" avait eu une confiance si particulière » qu'il l'avait nommé consul pour Venise et les ports du royaume lombardo-vénitien, bien qu'il aurait pu reconnaître les termes de ma commission si je les lui avais rappelés. J'ai hésité un instant dans mon désir de lui parler, puis j'ai décidé que quiconque s'abstenait de lui parler inutilement ou de lui serrer la main lui faisait une bonté ; et j'aimerais pouvoir être aussi sûr de la sagesse de tout mon comportement passé que de cette partie de celui-ci. Il s'approcha de la fontaine à eau qui se trouvait dans le coin et en sortit un gobelet plein qu'il versa dans sa gorge en inclinant la tête en arrière, puis entra avec lassitude dans les portes. Toute cette affaire, si simple, est toujours restée d'un certain pathos dans ma mémoire, et j'aurais préféré voir Lincoln dans ce moment d'inconscient plutôt que dans une occasion plus majestueuse.

V.

Je suis rentré chez moi en Ohio ; et j'ai envoyé la caution que je devais déposer au Département du Trésor ; mais il y avait été égaré, et pour éviter une autre chance de ce genre, j'ai gardé moi-même le double. C'est lors de ma deuxième visite que j'ai rencontré le généreux jeune Irlandais William D. O'Connor, chez mon ami Piatt, et j'ai entendu son discours ardent. C'était un des hommes prometteurs de l'époque, et il avait écrit un roman anti-esclavagiste dans le style héroïque de Victor Hugo, qui m'a beaucoup plu ; et je crois qu'il a écrit des poèmes aussi. Il n'était pas encore devenu le chef des champions de Walt Whitman en dehors du Saturday Press, mais il avait déjà épousé la théorie selon laquelle Bacon était l'auteur de Shakespeare, alors nouvellement exploitée par la pauvre dame du nom de Bacon, qui mourut fidèle à elle dans un asile de fous. Il avait l'habitude de parler du dramaturge réputé comme du « gros paysan de Stratford », et par ailleurs, il avait un discours pittoresque dans une mesure qui consolait, sinon convainquait. La grande guerre était alors en plein essor sur nous, et quand, dans les silences de nos conversations littéraires, son souffle terrible se faisait entendre et que son ombre tombait sur l'âtre où nous nous réunissions autour des premiers feux de l'automne, O'Connor levait sa belle tête avec un bel effet de prophétie, et dites : « Mes amis, je ressens un sentiment de victoire dans l'air. » Il n'avait pas tort ; seule la victoire revenait à l'autre aide.

Qui, à part O'Connor, a participé à ces tristes symposiums, je ne peux pas le dire maintenant ; mais probablement d'autres jeunes journalistes et fonctionnaires, destinés à être des littérateurs, depuis plus ou moins disparus. Je ne suis sûr que du jeune éditeur de Boston qui a publié une très belle édition de « Leaves of Grass », et qui a ensuite échoué rapidement, sinon par conséquent. Mais j'avais déjà rencontré, lors de mon premier séjour dans la capitale, un jeune journaliste qui avait donné des otages à la poésie, et que j'étais très heureux de voir et fier de connaître. M. Stedman et moi parlions au cours de cette réunion l'autre jour, et je peux être plus sûr que je n'aurais pu l'être sans sa mémoire, que je l'ai trouvé chez un ami, où il se soignait pour une légère maladie, et que je assis près de son lit pendant que nos âmes se lançaient ensemble dans les royaumes joyeux de l'espoir et de la louange. J'ai trouvé en lui la qualité de Boston, l'honneur et la passion de la littérature, et non une simple pose de la vie littéraire ; et le monde sait sans que je le dise à quel point il a été fidèle à son idéal. Sa mission terrestre était alors d'écrire des lettres depuis Washington pour le New York World, qui avait commencé dans sa vie comme un bon jeune journal du soir, avec un ton résolument religieux, afin que la Saturday Press puisse l'appeler le Night-blooming Serious. Je pense que M. Stedman écrivait parfois pour sa page éditoriale, et sa relation avec elle en tant que correspondant à Washington avait une autorité qui fait défaut à la fonction à notre époque de télégraphie perfectionnée. Il n'avait pas encore atteint ce siège à la Bourse dont la possession a justifié son recours aux affaires et l'a aidé à signifier quelque chose de plus unique dans la littérature que bien d'autres qui lui sont consacrés. J'avais parfois l'habitude de parler de cela avec un autre jeune auteur enthousiaste, au cours de certaines années intermédiaires, lorsque nous étions en difficulté éditoriale, et nous avons toujours décidé que Stedman avait le meilleur en étant capable de gagner sa vie d'une manière si étrangère à la littérature que il pouvait y venir sans fatigue et avec un souffle intact de saveurs apparentées. Mais aucun homme ne façonne sa propre vie, et j'ose dire que Stedman nous a peut-être tout le temps envié nos trépieds depuis sa place élevée à la Bourse. Ce qui est sûr, c'est qu'il en est venu à représenter la littérature et à y incarner New York comme personne d'autre.

Dans une communauté qui semble n'avoir jamais eu un rapport conscient aux lettres, il a gardé la foi avec dignité et a combattu avec un courage constant. À la fois érudit et poète, il a parlé à sa génération avec une autorité qu'on ne peut oublier que dans le charme qui fait oublier tout le reste.

Mais sa renommée était encore devant lui lorsque nous nous sommes rencontrés, et je pouvais lui apporter une admiration pour une œuvre qui ne s'était pas encore fait connaître à tant de gens ; mais tout admirateur était le bienvenu. Nous parlions de ce que nous avions fait, et chacun disait combien il aimait certaines choses de l'autre ; Je profitai même de son impuissance pour lui lire un de mes poèmes que j'avais dans ma poche ; il m'a indiqué où le placer ; et si le lecteur ne veut pas considérer cela comme une digression injuste, je dirai ici ce qu'est devenu ce poème, car je pense que ses diverses fortunes étaient amusantes, et j'espère que mes propres souffrances et mon triomphe final avec lui ne seront pas sans encourager les jeunes. entrepreneur littéraire . C'était un poème intitulé, sans aucun sens prophétique, « Forlorn », et je l'ai d'abord essayé avec l'« Atlantic Monthly », qui ne l'avait pas. Ensuite, je l'ai offert en personne à un ancien rédacteur en chef du « Harper's Monthly », mais il n'y voyait pas l'avantage, et je l'ai emporté à Venise avec moi. À partir de là, je l'ai envoyé à tous les magazines anglais aussi régulièrement que la poste pouvait l'emporter et le rapporter. Sur le chemin du retour, quatre ans plus tard, je l'ai emporté à Londres avec moi, où un ami qui connaissait Lewes, qui commençait alors à peine par la « Fortnightly Review », le lui a envoyé pour moi. Il me fut promptement renvoyé, accompagné d'une lettre toute réservée quant à sa qualité, mais pleine d'une gratitude poétique pour mon désir de contribuer à la Quinzaine. Puis j'ai entendu dire qu'un certain M. Lucas était sur le point de créer un magazine et je lui ai offert le poème. La lettre d'acceptation la plus aimable m'a suivi en Amérique, et je comptais sur la gloire et la fortune, comme d'habitude, lorsque la nouvelle de la mort de M. Lucas arriva. Je ne plaisanterai pas mal sur un effet de mon poème sur le fait ; mais le fait demeure. À cette époque, j'étais écrivain au bureau du journal « Nation », et après avoir quitté cet endroit pour devenir l'assistant de M. Fields sur l'Atlantique, j'ai envoyé mon poème au journal « Nation », où il fut enfin imprimé. Dans la mesure limitée où mes vers l'ont plu, il a trouvé une faveur assez inhabituelle, et je n'ai pas besoin de dire que ses malheurs l'ont rendu cher à son auteur.

Mais tout cela est assez loin de ma première rencontre avec Stedman à Washington. Bien sûr , je l'aimais, et je le trouvais très beau et bien, avec une barbe fournie, taillée comme il l'a toujours portée, et avec des yeux de poète éclairant un profil aquilin. Plus tard, quand je l'ai vu pied, je l'ai trouvé d'une splendeur mondaine en tenue vestimentaire, et je l'ai envié, autant que je pouvais lui envier quoi que ce soit, le tailleur new-yorkais dont l'art l'avait habillé : j'avais aussi un tailleur new-yorkais, mais avec une différence. Il avait un élan mondain à côté de ses dons supramondains, ce qui m'en prenait presque autant, et d'autant plus que je voyais qu'il ne s'y valorisait pas. Il était tout à fait favorable à la littérature et aux hommes de lettres, supérieurs à tous . J'ai dû lui avoir beaucoup ouvert mon cœur, car lorsque je lui ai raconté comment le journal pour lequel j'avais écrit au Canada et en Nouvelle-Angleterre avait cessé d'imprimer mes lettres, il a dit : « Pensez à un homme comme siéger en jugement sur un un homme comme toi!" J'y ai pensé, et j'ai été vengé sinon réconforté ; et en tout cas, j'ai aimé que Stedman se lève avec autant de raideur pour l'honneur d'un métier qui est un peu trop mou chez certains de ses adeptes.

Je suppose que c'est lui qui m'a présenté aux Stoddard , que j'ai rencontrés à New York juste avant mon départ, et qui étaient alors dans l'éclat de leur première renommée de poètes. Ils connaissaient mes mauvais débuts et ils ont été très, très bons avec moi. Stoddard m'accompagna à Franklin Square et donna la sanction de sa présence à l'offre inefficace de mon poème là-bas. Mais ce que j'ai le plus apprécié, ce sont les longues discussions que j'ai eues avec eux deux sur la paternité dans toutes ses phases, et l'échange de joie pour tel poème et celui-là, ce roman et celui-là, avec des fuites gaies et volontaires pour faire une blague totalement hors de propos, ou tirer des jeux de mots en l'air sans aucune marque. Stoddard avait alors une renommée, avec la douceur de l'affection personnelle, grâce aux paroles et aux odes qui le feront peut-être mieux connaître, et Mme Stoddard commençait à faire sentir sa qualité distincte et spéciale dans les magazines, en vers et en fiction. Dans les deux cas, il me semble qu'elle n'a pas obtenu la reconnaissance que mérite son travail. Ses contes et ses romans ont en eux un avant-goût de réalisme, trop étrange pour le palais de leur époque, et peut-être maintenant trop familier. C'est un sort particulier, qui ferait l'objet d'une jolie étude d'histoire de la littérature. Mais dans tout ce qu'elle a fait, elle a laissé l'empreinte d'un talent pas comme les autres et d'une personnalité dédaigneuse du milieu littéraire. À une époque où la plupart d'entre nous devaient écrire comme Tennyson, Longfellow ou Browning, elle n'écrirait jamais comme personne d'autre qu'elle-même.

Je me souviens très bien de l'hébergement au coin de la Quatrième Avenue et d'une rue du centre-ville où j'ai rendu visite à ces gens talentueux et doués, et où j'ai goûté au plaisir de leurs discours racés et à l'hospitalité de leur bonne volonté envers toute littérature, ce qui n'a certainement pas été le cas. laissez-moi dehors. Nous nous sommes assis devant leur grille dans la fraîcheur des derniers jours d'octobre, et ils se sont lancés dans une envolée d'esprit sauvage après l'autre, et une fois de plus, j'ai baigné mon esprit ravi dans l'atmosphère d'un royaume où, pour le moment au moins, aucun

> "——rumeur d'oppression ou de défaite, de
> guerre infructueuse ou réussie,"

pourrait pénétrer. J'aimais les Stoddard parce qu'ils n'étaient franchement pas de cette Bohême que je détestais tant, et qu'ils ne la considéraient comme ni prometteuse ni valable ; et parce que j'aimais leur poésie et que je les y trouvais. J'ai aimé la tenue absolument littéraire de leur vie. Il avait alors, et longtemps après, une place à la Douane, mais il n'en était pas plus que Lamb ne l'était à India House. Il appartenait à ce monde meilleur où il n'y a d'intérêt que les lettres, et qui était pour moi autant le paradis que tout ce à quoi je pouvais penser.

Les rencontres avec les Stoddard se sont répétées lorsque je suis revenu naviguer de New York, début novembre. À leur plaisir cordial se mêle dans ma mémoire la sensation du froid et de l'humidité du plein air, et la misère d'être dans ces infâmes rues de New York, qui, comme longtemps après, furent les plus sordides du monde. La dernière nuit où j'ai vu mes amis, ils m'ont raconté le drame qui venait de se produire au camp du parc de l'Hôtel de Ville. Fitz James O'Brien, le brillant jeune Irlandais qui nous avait éblouis avec son histoire de "The Diamond Lens" et qui nous avait glacé le sang avec son ingénieuse histoire de fantôme - "Qu'est-ce que c'était" - un fantôme qui pouvait être ressenti et entendu. , mais pas vu - s'était enrôlé pour la guerre et était devenu officier avec le processus rapide des premiers jours de celle-ci. Dans ce camp, il venait alors de tirer et de tuer un homme pour une infraction à la discipline, et on ne savait pas quelle serait la fin. Il fut cependant acquitté et on sait comment il mourut ensuite du tétanos à la suite d'une blessure reçue au combat.

VI.

Avant cette dernière visite à New York, il y eut une seconde visite à Boston, sur laquelle je n'ai pas besoin de m'étendre, car c'était surtout une renaissance des impressions de la première. J'ai revu les Fields dans leur maison ; à nouveau l'autocrate dans le sien, et Lowell maintenant sous son propre toit, à côté du feu du bureau où je devais si souvent m'asseoir avec lui dans les années à venir. Au dîner (que nous avons eu à deux heures), la conversation tourna autour de mon rendez-vous, et il dit de moi à sa femme : « Pensez qu'il a pris la place de Stillman ! Nous devrions mettre du poison dans son vin », et il dit m'a fait part du souhait du peintre d'aller à Venise et d'y suivre le travail de Ruskin dans son propre livre. Mais il ne m'a pas permis de me sentir très coupable, et je ne prétendrai pas que j'éprouve personnellement des regrets pour ma bonne fortune.

La place m'a été donnée peut-être parce que je n'avais pas autant d'autres dons que celui qui l'a perdue, et qui était à la fois artiste, critique, journaliste, voyageur et éminemment chacun. Je l'ai rencontré ensuite à Rome, que les pouvoirs lui ont accordé au lieu de Venise, et il m'a pardonné, bien que je ne sache pas s'il a pardonné aux pouvoirs. Nous avons marché longtemps à travers la Campagna, et j'ai ressenti le charme d'un esprit des plus rares dans des conversations qui ressortaient plus riches et plus complètes en présence de la nature sauvage qu'il aimait et connaissait tant mieux que la plupart des autres hommes. Je pense que le livre qu'il aurait écrit sur Venise est à jamais regrettable, et je ne me console pas du tout de sa perte avec le livre que j'ai écrit moi-même.

Ce jour-là, à la table de Lowell, on parla du genre d'hiver que je trouverais à Venise, et il penchait pour l'idée que j'aurais besoin d'y faire du feu. Dans son bureau, un foyer très vif brûlait lorsque nous y retournions et protégeait du froid d'une tempête froide de l'est. Nous avons regardé la pluie à travers l'une des fenêtres, et il a dit qu'il se souvenait d'être debout et de regarder par cette fenêtre une telle tempête lorsqu'il était enfant ; car il était né dans cette maison, et sa vie y revenait sans cesse. Il y est enfin mort.

Dans une levée de pluie, il m'accompagna jusqu'au village, comme il appelait toujours la partie la plus dense de la ville autour de Harvard Square, et me vit à bord d'une calèche pour Boston. Avant de nous séparer, il m'a donné deux instructions : ouvrir la bouche lorsque je commencerais à parler italien et avoir une bonne opinion des femmes. Il a dit que notre race parlait sa propre langue avec les dents fermées et ne parvenait donc pas à maîtriser les langues qui demandaient une expression plus libre. Quant aux femmes, il dit qu'il y en avait des indignes, mais qu'une bonne femme était la meilleure chose au monde, et qu'un homme était toujours le meilleur pour honorer les femmes.